Herwig Hösele
Landesfürst &
Landesmutter

Herwig Hösele

Landesfürst & Landesmutter

Zwei Charaktere – ein Ziel

Fotos Archiv der Steirischen Volkspartei und des steirischen Landespressedienstes (Dr. Dieter Rupnik und Dr. Kurt Fröhlich), Jungwirth, Stuhlhofer, Dusek, Philipp, Fischer, Brandner, Privatarchive, Jauschowetz, BIG SHOT, Karikaturen Manfred Deix, Pietro Hausn. Umschlagfotos: Christian Jungwirth

Autor und Verlag danken Christian Jungwirth und Michael Coudenhove-Kalergi sowie dem Lueger-Verlag, Linz, für die freundliche Genehmigung zum kostenlosen Abdruck seiner(ihrer) Werke auf den Seiten 6/7 und für den Vor- und Nachsatz (Grazer Burg bei Nacht mit erleuchtetem Arbeitszimmer des Landeshauptmannes).

ISBN 978-3-222-13231-5
© 2007 by Styria Verlag
in der Verlagsgruppe Styria GmbH & Co KG,
Wien–Graz–Klagenfurt
Alle Rechte vorbehalten.
www.styriaverlag.at

Umschlaggestaltung: Bruno Wegscheider
Produktion: CH&ERN design, Wien
Reproduktion: Pixelstorm, Wien
Druck- und Bindung: MKT Print, Ljubljana, Slowenien

Inhalt

Das politische Erdbeben 2005 9

DER LANDESFÜRST

Der bestvorbereitete Landeshauptmann 13
Der innenpolitische Zenit (1981–1986) 39
Der außenpolitische Zenit (1986–1991) 58
Ein Rücktritt mit Format und Würde 84

DIE LANDESMUTTER

Von der Baracke in die Burg –
   ein ungewöhnlicher Lebensweg 101
Das „Wunder" und der Mythos von Lassing 117
Der Wahltriumph 2000 126
Von Rekordhöhen zur bitteren Niederlage 143

Ziel erreicht? 184
Ein persönliches Nachwort 189

Lebensläufe, Tabellen, Namenregister 192

„Wir wissen sehr wohl: Unsere erste und einzige Aufgabe ist es, dem Geschehen in diesem unserem Lande zu dienen. Das gilt wie im wirtschaftlichen und sozialen Bereich so auch für die Kultur und Bildung des Landes. In Erfüllung dieser Aufgabe geht es darum, alle Wesenheiten dieses Landes, die Anlagen und Begabungen seiner Menschen, die Schätze seines Bodens, die verpflichtenden Traditionen seiner Geschichte in das Bewusstsein zu heben und im Bewusstsein zu halten. Wir wissen, dass uns die Erschließung des ganzen Kosmos nicht von der Verpflichtung entbinden wird, auf den wenigen Quadratmetern, die uns für unser Erdenleben zugemessen sind, mit den Fragen des Lebens und den Problemen fertig zu werden. Aber diese wenigen Quadratmeter, die wir mit dem schlichten Wort „Heimat" bezeichnen dürfen, bleiben keine einschränkende Enge, wenn wir das Geschehen im Lande immer wieder in den Blutkreislauf des großen Weltzusammenhanges, der größeren menschlichen Zusammenhänge stellen, um unseren Standort zu bestimmen und unsere Standfestigkeit zu bewähren."

Univ.-Prof. Dr. Hanns Koren

Das politische Erdbeben 2005

Sonntag, 2. Oktober 2005, 17.00 Uhr. In der Sondersendung des ORF-Fernsehens zur Steirischen Landtagswahl wird die erste Hochrechnung veröffentlicht.

SPÖ 41 bis 42 Prozent, ÖVP 38 bis 39 Prozent, FPÖ 4 bis 5 Prozent, GRÜNE 4 bis 5 Prozent, KPÖ 6 bis 7 Prozent, Liste Hirschmann und BZÖ jeweils rund 2 Prozent. Damit wird an diesem Spätnachmittag eines nicht sehr freundlichen Frühherbsttages einer breiten Öffentlichkeit klar, was Insider seit den Mittagsstunden des Sonntags wussten: In der Steiermark hat sich ein politisches Erdbeben ereignet – die Volkspartei hat in der Steiermark nach 60 Jahren Vorherrschaft den Landeshauptmann an die SPÖ ohne Wenn und Aber verloren.

Obwohl es in der Steiermark seit 1945 bereits bei zwei der fünfzehn Landtagswahlen knapp gestanden war – 1953 hatte die SPÖ die Stimmenmehrheit, die ÖVP blieb aber ein Mandat vor ihr, 1995 kam es zu einem Mandatgleichstand und die SPÖ lag nur 2414 Stimmen hinter der ÖVP –, konnte die Volkspartei immer den Landeshauptmann stellen. Diesmal war es anders, der Vorsprung der SPÖ war zu groß, als dass sich durch Verhandlungen noch etwas hätte ändern lassen.

Landeshauptmannwechsel von einer zur anderen politischen Partei sind in Österreich seit Gründung der Zweiten Republik 1945 eine Seltenheit: In Vorarlberg, Tirol, Niederösterreich und Oberösterreich stellt seit den ersten freien Wahlen vom 25. November 1945 in ununterbrochener Reihenfolge die Volkspartei den Landeshauptmann, in Wien die SPÖ ständig den Bürgermeister, der auf Grund der verfas-

Doppelseite vorher: Die Burg in Graz ist seit Jahrhunderten ein wichtiges politisches Zentrum. Das Werk des renommierten Malers Michael Coudenhove-Kalergi zeigt die Grazer Burg mit Stadtkrone (Dom und Mausoleum).

sungsmäßigen Sonderstellung der Bundeshauptstadt zugleich Landeshauptmann ist.

Im Burgenland kam es 1964 zu einem Landeshauptmann-Wechsel von der ÖVP zur SPÖ, die seither über vier Jahrzehnte den Landeschef stellt, in Kärnten wiederum löste der damalige FPÖ-Bundesparteiobmann Jörg Haider 1989 einen SPÖ-Landeshauptmann ab, obwohl die SPÖ weiterhin stimmen- und mandatstärkste Partei war. Von 1991 bis 1999 war dann der Chef der seit 1989 nur mehr drittstärksten politischen Kraft, der Volkspartei, nämlich Christof Zernatto Kärntner Landeshauptmann, ehe Jörg Haider 1999 wieder die Landesspitze erklomm. 2004 schließlich fiel das bisherige VP-Kernland Salzburg an die SPÖ, 2005 folgte die Steiermark.

Auch wenn politische Zyklen immer kürzer und die Wähler immer flexibler werden: Es entzieht sich einer seriösen Prognose, ob der seit Ende Oktober 2005 amtierende derzeitige SP-Landeshauptmann Franz Voves eine Episode bleibt oder die SPÖ-Mehrheit ein längerfristiges Phänomen in der steirischen Politik sein wird.

Der Verlust des „Landeshauptmannsessels" vom 2. Oktober 2005 mutet besonders paradox an: Bei den fundamentalen Arbeitsmarkt- und Wirtschaftsdaten stand die Steiermark noch bei keiner Landtagswahl der letzten Jahrzehnte so gut da wie 2005. Aus einem Nachzügler der ökonomischen Entwicklung war ein Motor geworden.

Aber ein zwei Jahre schwelender, über weite Strecken von Irrationalitäten geprägter und daher offenbar unsteuerbarer Zwist unter führenden „Parteifreunden" zerstörte die VP-Erfolgsstory in der Steiermark. Eine solche politische Selbstzerstörung kennt in der österreichischen Zeitgeschichte lediglich ein Beispiel: die Auseinandersetzung der SPÖ mit ihrem langjährigen Spitzenfunktionär und aus der Partei ausgeschlossenen ÖGB-Präsidenten, Zweiten Nationalratspräsidenten und Innenminister Franz Olah, die der SPÖ bei der Nationalratswahl 1966 eine historische Niederlage einbrachte. Die Volkspartei erzielte damals erstmals seit 1945 wieder die absolute Mandatsmehrheit, die SPÖ verlor deutlich, die von Olah geführte SP-Absplitterung DFP – Demokratische Fortschrittliche Partei – erzielte 148.528 Stimmen oder 3,28 Prozent, was zwar für kein Nationalratsmandat ausreichte, aber der SPÖ entscheidende

Stimmen wegnahm. Auch die Liste des ehemaligen geschäftsführenden VP-Landesparteiobmannes und Landesrates Dr. Gerhard Hirschmann blieb am 2. Oktober 2005 weit unter der steirischen Mandatshürde.

Die hervorragenden Kennzahlen für die Steiermark bei Wirtschaftswachstum, Arbeitsmarktentwicklung, Forschungs- und Entwicklungsquote, Tourismus und anderem mehr waren aber kein singuläres Ereignis des Jahres 2005, sondern Resultat einer nachhaltigen Entwicklung vor allem seit 1980, für welche die Landeshauptleute Josef Krainer II und Waltraud Klasnic die politische Hauptverantwortung trugen.

Der Autor durfte die gesamte Landeshauptmanntätigkeit dieser beiden grundverschiedenen Persönlichkeiten vom Amtsantritt Josef Krainers als Landeshauptmann am 4. Juli 1980 bis zum letzten Arbeitstag von Waltraud Klasnic als „Frau Landeshauptmann" am 24. Oktober 2005 begleiten. Zwei starke Charaktere, die aber über den Wunsch hinaus, parteipolitisch erfolgreich zu sein, ein Ziel einte: die Chancen der Steiermark in Österreich und im europäischen Umfeld bestmöglich zu nutzen und zu profilieren.

Herwig Hösele
Graz, September 2007

DER LANDESFÜRST

Der bestvorbereite Landeshauptmann

4. Juli 1980 – Die Ära Krainer II beginnt

„Es wurden 55 Stimmzettel gültig abgegeben. Es ist daher Dr. Josef Krainer einstimmig zum Landeshauptmann gewählt." Dies teilte der damalige Doyen der steirischen Politik, Landtagspräsident Universitätsprofessor Hanns Koren, knapp nach 11 Uhr am Freitag, 4. Juli 1980, dem Steiermärkischen Landtag mit, der im Grazer Landhaus zu seiner Sitzung zusammengekommen war. Das Sitzungsprotokoll verzeichnete „Allgemeiner starker Beifall". Die Ära Krainer II – des Landeshauptmannes Josef Krainer jun. – hatte begonnen. Nach der mehr als einstündigen Antrittserklärung des frischgewählten, knapp 50-jährigen Landeshauptmannes, die von der in der Steiermark tonangebenden „Kleinen Zeitung", aber auch von nahezu allen politischen Beobachtern als „verheißungsvoll" apostrophiert wurde, schloss Hanns Koren die Sitzung um 12.20 Uhr mit den Worten:

Herr Landeshauptmann, ... vor zehn Jahren, am 14. Mai 1970, habe ich von dieser Stelle aus, deinem seligen Vater mitgeteilt, dass ihn der Landtag wieder einstimmig zum Landeshauptmann gewählt hat. Er hat 23 Jahre lang dieses Land regiert. Es wird nicht zu vermeiden sein, dass alles, was du tust und planst und vorträgst, mit dem verglichen wird, was dein Vater getan, geplant und vorgetragen hat oder hätte. Das aber heißt nicht, dass du ihn nachzuahmen hast, dass du nicht das Recht und die Pflicht hättest, deinen Weg zu gehen, wie dein Gewissen es dir befiehlt und deine Einsicht in die Dinge es dir für richtig erscheinen lassen. Was Sie alle erwarten und was wir alle von dir erhoffen ist, dass du dem Beispiel deines Vaters in der Hingabe für das Land und in der Aufmerksamkeit für alles, was den einzelnen Menschen in diesem Land bedrückt und beglückt, nachfolgst.

Eine Bilderbuchlaufbahn

Und an anderem Ort meinte Koren, der Schöpfer der bahnbrechenden steirischen Kulturpolitik und enger Weggefährte von Vater und Sohn Krainer war, Krainer II sei der „bestvorbereitete Landeshauptmann", den die demokratische Steiermark je hatte.

Warum dieses Urteil? Wer war Josef Krainer II? Was war mit „bestvorbereitet" gemeint? Elternhaus, Bildung, persönlicher und politischer Werdegang – die Voraussetzungen, die Josef Krainer mitbrachte, findet man wahrlich selten.

Er wurde am 26. August 1930 als ältester Sohn von fünf Kindern des Josef und der Josefa Krainer, geb. Sonnleitner, in Graz geboren, besuchte hier die Volksschule, das Oeverseegymnasium und studierte nach der Reifeprüfung an der Karl-Franzens-Universität in Graz Rechtswissenschaften. Er war Gründungsmitglied der Akademischen Vereinigung für Außenpolitik in Graz und im Studienjahr 1951/52 als Austauschstudent in den USA, wo er Politische Wissenschaften studierte.

Josef Krainer ist in einem politischen Haus aufgewachsen – hat Höhen und Tiefen eines politischen Lebens aus unmittelbarer Nähe miterlebt. Als Bub lebte Josef Krainer unter anderem im Haus der steirischen Arbeiterkammer, wo sein Vater als Kammerpräsident in den 1930er Jahren um eine Verbesserung der damals verzweifelten Lage der Arbeiter, insbesondere der Landarbeiter, kämpfte. Dann kam die politische Verfolgung des Vaters 1938 und ab 1945 der historisch beispiellose Wiederaufbau des Landes, dessen Antlitz Josef Krainer senior entscheidend prägte. Oft nahm der Vater den Sohn mit, etwa zu Grenzlandbereisungen unmittelbar nach dem Krieg, als die Jugoslawen Teile der steirischen Gebiete forderten. Immer öfter – vor allem im Voranschreiten der Jahre – besprach Josef I mit Josef II politische Probleme, fragte ihn um seine Einschätzungen der Dinge, wobei es manches Mal zu temperamentvollen Diskussionen gekommen sein soll. Denn der Vater hat nicht nur seine rastlose Arbeit als Auftrag, sondern auch das politische Vollblut an seinen Sohn vererbt – vor allem auch seine sagenhafte Nase für Personen und politische Strömungen und seine ganz direkte Volksverbundenheit.

1936: der sechsjährige Josef „Joschi" Krainer mit seiner älteren Schwester Anna.
1940: Josef „Pep" Krainer als Tormann in einer Fußball-Mannschaft mit Jugendfreunden im weststeirischen St. Martin/Sulmtal in unmittelbarer Nähe der elterlichen Ziegelei in Gasselsdorf.

„Der junge Krainer ist so wie der alte, nur dass er noch Doktor dazu ist", lautet daher eine nicht selten gebrauchte knappe Definition in politischen Kreisen, wie sie auch die langjährige Österreich-Korrespondentin der „Frankfurter Allgemeinen Zeitung" (FAZ), Hanni Konitzer, einmal ebendort (2. 10. 1981) formuliert hat: „Er hat die Gabe der Volksverbundenheit von seinem Vater geerbt und besitzt dazu noch Auslandserfahrung und akademische Ausbildung."

Schon während seines Jus-Studiums verbrachte er ein Studienjahr (1951/1952) an der University of Georgia (USA), wo er übrigens seine Gattin Rosemarie kennen lernte, die als steirische Auslands-Stipendiatin Sprachen studierte. In diesem südlichen Bundesstaat, aus dem der spätere US-Präsident Jimmy Carter stammte, war er Mitglied der „Demosthenian Literary Society" und wurde zum Präsidenten des „Cosmopolitan Club" der University of Georgia gewählt.

Nach der Promotion an der Grazer Karl-Franzens-Universität 1954 verbrachte der junge Doktor ein „Postgraduate"-Jahr am Bologna Center der Johns Hopkins University, der so genannten „Hochschule für Weltpolitik". Hier hatte er berühmte Lehrer, wie den renommierten deutsch-französischen Politologen Alfred Grosser, oder bekannte Vortragende, wie den US-Chefunterhändler für Abrüstungsfragen, Paul Nitze, mit denen er auch als Landeshauptmann noch bei Vortrags- und Besuchsreisen in Paris und Berlin zusammentraf. Aber auch gleichgesinnte Studienkollegen fand er – wie den späteren Wirtschaftsminister und Landesbank-Präsidenten von Nordrhein-Westfalen, Reimut Jochimsen, oder den späteren Parteivorsitzenden der Republikaner im US-Bundesstaat Maryland, Joe Dukert, mit dem Josef Krainer jahrzehntelang in regelmäßigem Kontakt stand.

Neben den Studien in Bologna stand auch ein einmonatiger Studienaufenthalt am Instituto Pro Civitate Christiana in Assisi am Programm.

Wirtschaftswissenschaftliche Sporen verdiente sich Krainer auch als Assistent beim Grazer Nationalökonomen Anton Tautscher.

Zu dieser theoretischen Grundlage kam aber immer auch die Verbindung zur Praxis: Schon während des US-Aufenthalts arbeitete

1944 in Gasselsdorf – die Krainer-Familie: Josef neben seinen Eltern Josefa und Josef sowie Schwester Anni, vorne die Brüder Fritz und Heinz

der junge Krainer in einem Sägewerk und daheim in der elterlichen Ziegelei, im weststeirischen Gasselsdorf, wo er auch die Buchhaltung führte und so Einblick in die alltäglichen Probleme der Klein- und Mittelbetriebe erhielt.

Gleichzeitig gründete er eine eigene Familie, er heiratete 1957 Rosemarie, geb. Dusek, und errichtete mit ihr ein kleines Einfamilienhaus in Graz-St. Veit, in dem er heute noch – mittlerweile freilich als Witwer – lebt. Der glücklichen Ehe entsprossen im Laufe der Jahre fünf Kinder. Frau Rosemarie, die auch eine vorzügliche Pianistin war, verstarb unerwartet und plötzlich 2001.

Eine wichtige Vorbereitung für die spätere politische Laufbahn war auch die Tätigkeit als Generalsekretär der Katholischen Aktion Steiermark, wodurch Krainer auch viel im Land herumkam und Menschen kennen lernte – aus der damaligen Zeit rührte auch seine Bekanntschaft mit Friedrich Niederl. In dieser Zeit war er auch Mitbegründer des Afro-Asiatischen Instituts in Graz. Krainers damals schon ausgeprägtes Engagement für die Dritte Welt fand später in seiner Jungfernrede im Nationalrat zur Entwicklungshilfe und in seiner Tätigkeit als Landeshauptmann Niederschlag, als er schon wenige Monate nach der Amtsübernahme einen entwicklungspolitischen Beirat des Landes und entsprechende Budgetansätze schuf und in seiner Vortragsreihe „Orientierung" immer wieder auch überzeugende Repräsentanten etwa Lateinamerikas zu Wort kommen ließ.

1966 erfolgte ohne Zutun, aber sicherlich zur heimlichen Freude des Vaters der Ruf in die Politik. Der legendäre steirische Bauernführer Josef Wallner (Bauernbund- und Dritter Nationalratspräsident) bestellte Krainer zunächst zum stellvertretenden, später zum Bauernbunddirektor.

Bundespolitisches Intermezzo

1969 kam das Angebot von Bundeskanzler Josef Klaus, anstelle des zurückgetretenen Steirers Theodor Piffl-Perčević Unterrichtsminister zu werden. Piffl schrieb im Zusammenhang damit: „Der ‚junge Krainer, ... beglückend jung, dynamisch, geschickt und fleißig, ein

1951/52 war Josef Krainer als Fulbright-Stipendiat in Georgia.

homo politicus von hohen intellektuellen Graden, Steirer und Bauernbündler: das schien die Traumlösung."

Krainer nahm diesen Antrag genauso wie zwei Jahre später die Kandidatur zum ÖVP-Bundesparteiobmann nicht an, mit der Begründung, dass sein Vater Landeshauptmann sei und seiner Ansicht nach „zwei Krainer" an Spitzenpositionen nicht gut tun würden.

1970 – bei der Nationalratswahl, bei der die VP unter Josef Klaus erstmals seit 1945 den Bundeskanzler an den SP-Spitzenkandidaten, Bruno Kreisky, verlor – zog der „junge Krainer" als steirischer VP-Abgeordneter in den Nationalrat ein. Bei der vorgezogenen Nationalratswahl im Oktober 1971, die Kreisky die absolute Mehrheit brachte, war er bereits steirischer VP-Listenführer und hatte sich als bundespolitischer VP-Hoffnungsträger profiliert. Doch schon wenige Wochen später war alles ganz anders.

1971: Vater Krainer stirbt

Als am 28. November 1971, dem ersten grauen Adventsonntag des Jahres, sein Vater, der populäre steirische Landesvater Josef Krainer, bei der Jagd in Allerheiligen bei Wildon in der Südsteiermark dem Herztod erlag, stellten sich viele die bange Frage, wie es in der Steiermark politisch weitergehen werde. Denn am 1. März 1970 hatten die Sozialdemokraten mit Bruno Kreisky bei den Nationalratswahlen nicht nur bundesweit, sondern auch in der Steiermark die Mehrheit errungen.

14 Tage später, am 15. März 1970, sicherte Josef Krainer sen. bei der Landtagswahl der Steirischen Volkspartei nochmals die Mehrheit – was zum überwiegenden Teil als seine persönliche Leistung gewertet wurde. Bei den vorgezogenen Nationalratswahlen im Oktober 1971 konnte Bundeskanzler Bruno Kreisky aber auch in der Steiermark nochmals zulegen.

Wie also sollte die Steiermark nach dem Tod der Ausnahme-Persönlichkeit Josef Krainer, der das Land 23 Jahre geführt hatte, in einer solchen politischen Konstellation auch nach der nächsten Landtagswahl einen ÖVP-Landeshauptmann stellen? In Josef Krai-

Wenn der Vater mit dem Sohne: Josef I und Josef II im vertrauten politischen Diskurs

ners Brieftasche fand sich ein Zettel mit testamentarischen Verfügungen privater und politischer Natur. Dort stand zu lesen: „Doktor Niederl soll Landeshauptmann werden. Er ist der Verlässlichste und Beste. Mit ihm kann man die Steiermark politisch halten." So geschah es auch, aber dazu mussten einige große Hürden genommen werden. Niederl, der seit 1965 der Landesregierung angehörte und seit 1970 Landeshauptmann-Stellvertreter war, hatte sich nämlich ausbedungen, dass Josef Krainer II aus dem Nationalrat aus Wien zurückkommen und in die Landesregierung als Landesrat eintreten solle, um ihn in der Regierungsarbeit zu unterstützen und später auch als geschäftsführender Landesparteiobmann in der Parteiarbeit und der politischen Strategie zu entlasten. Da viele dahinter die Absicht vermuteten, Niederl sollte bestenfalls eine Übergangslösung für zwei bis drei Jahre sein, bis Krainer jun. seinem Vater im Amt nachfolgen könne, gab es manche Widerstände im VP-Landesparteivorstand und im Landtagsklub. Dennoch wählte schließlich der Steiermärkische Landtag am 10. Dezember 1971 Friedrich Niederl zum Landeshauptmann und Josef Krainer zum Landesrat. Landesrat Franz Wegart rückte zum Landeshauptmann-Stellvertreter auf.

Das Tandem Niederl/Krainer

Am 18. März 1972 vollzog die Steirische Volkspartei die endgültige Wachablöse. Niederl wurde mit 96 Prozent der abgegebenen Stimmen zum Landesparteiobmann und Krainer mit 90 Prozent zum geschäftsführenden Landesparteiobmann gewählt und in großen Lettern prangte das Motto „Modell Steiermark – Dienst am Menschen – Dienst am Raum" an der Stirnseite des Redoutensaals des Grazer Schauspielhauses.

Niederl und Krainer wurden ein schier unschlagbares Gespann. Als geschäftsführender Parteiobmann organisierte Krainer für Niederl die erfolgreichen Landtagswahlen 1974 und 1978, die der VP die bis heute prozentuell besten Ergebnisse seit 1945 mit absoluter Stimmenmehrheit brachten.

Im Sommer 1975 – wenige Wochen vor der für Oktober fixierten Nationalratswahl – kam es neuerlich zu einer für die Volkspartei dramatischen Situation. ÖVP-Bundesparteiobmann Karl Schleinzer, der 1971 nach Krainers Kandidaturverzicht auf den Schild gehoben worden war, verunglückte am 19. Juli bei einem Auto-Unfall im steirischen Bruck an der Mur tödlich. Hektisch wurde nach einem neuen Spitzenkandidaten gesucht, der gegen Bruno Kreisky, der, am Höhepunkt seiner Laufbahn stehend, ohnehin als kaum besiegbar galt, antreten sollte. Neben Alois Mock, der 1969 statt Josef Krainer Unterrichtsminister geworden war und zu den jungen Hoffnungsträgern der VP zählte, war erneut Krainer stark im

Eine fünf Jahrzehnte währende innige Verbindung begann auf der Amerika-Überfahrt: Josef und Rosemarie Krainer, geb. Dusek

Gespräch. Krainer winkte allerdings erneut ab und brachte den neuen steirischen Listenführer für die Nationalratswahlen, den früheren Verstaatlichten-Staatssekretär in der Regierung Klaus und Bankgeneraldirektor Josef Taus, ins Spiel. Dieser „Wahlsteirer" im wahrsten Sinne des Wortes – er lebte in Wien und kandidierte nur zur Wahl in der Steiermark – wurde schließlich der neue VP-Chef, hatte aber nach euphorischem Start letztlich gegen Kreisky keine Chance, der wieder die „Absolute" holte.

Modell Steiermark

Josef Krainer leitete in den 1970er Jahren insbesondere auch die programmatische Modell-Steiermark-Arbeit. Das Modell Steiermark ist das erste landespolitische Langzeitprogramm Österreichs, das in einer Gesinnung größtmöglicher Offenheit und im Zusammenwirken von Wissenschaftern, Experten, Praktikern und parteiungebundenen Denkern erstellt und in der Landespolitik auch realisiert wurde. In dieser Modell-Steiermark-Arbeitsweise, die Ausdruck der Gestaltungskraft eines lebendigen Föderalismus ist und die für viele andere Länder beispielhaft wurde, konnte Krainer seine wissenschaftliche Vorbildung und sein helles Interesse an Fragen der Zeit – er las und liest regelmäßig internationale Zeitungen, hat wohl als einer der wenigen österreichischen Politiker eine breite Palette österreichischer Gegenwartsliteratur intus (Handke war übrigens sein Hörer an der Grazer Universität) – voll entfalten. Diese Offenheit und die richtige Anwendung wissenschaftlicher Erkenntnisse in der Politik kennzeichneten auch Krainers Tätigkeit in der Landesregierung. Als Straßenbaureferent erreichte er vor allem mit Hilfe von Studien den Durchbruch für realistische Planungs- und Finanzierungsmodelle und konnte wichtige landespolitische Marksteine setzen. Die 1970er Jahre wurden in der Steiermark insbesondere auch ein Jahrzehnt des Straßenbaus. Zahlreiche Autobahnteilstücke (wie etwa der Gleinalmtunnel 1978) wurden dem Verkehr zur Verfügung gestellt.

Auch als Landeshauptmann behielt Krainer bis 1991 das Bautenressort und konnte den vollständigen Ausbau der Pyhrn- und Süd-

Der erfolgreiche Straßenbauer Josef Krainer – wie ihn der Karikaturist Pietro Hausn 1976 sah.

autobahn in der Steiermark und wesentlicher Teilstücke der Schnellstraßen durch die Mur- und Mürz-Furche erreichen. Jahrelange Benachteiligungen der Steiermark im Straßenbau wurden damit beseitigt, während dies bei der Bahninfrastruktur bis heute noch nicht erfolgt ist.

Ein besonderes bauliches Bravourstück gelang mit der Nord-Süd-Umfahrung der Landeshauptstadt Graz durch die Pyhrn-Autobahn. Durch eine stark unterstützte Bürgerinitiative war Anfang der 1970er Jahre die ursprünglich geplante Trasse, die längs durch das westliche Grazer Stadtgebiet hätte führen sollen, zu Fall gebracht worden – mit Fernwirkung auf die 1973 erfolgte Abwahl des bis dahin mit absoluter Mehrheit amtierenden Grazer SP-Bürgermeisters Gustav Scherbaum. Kaum jemand traute sich mehr das „heiße Eisen" Stadtautobahn anzugreifen – da verfiel der junge Bautenlandesrat Krainer mit seinen Experten auf die Idee, die Autobahn längs durch den das Grazer Stadtgebiet begrenzenden Plabutsch-Berg zu führen. Die meisten hielten dies für eine ausgesprochene „Schnapsidee". Einen Berg durch die Länge statt durch die Breite zu untertunneln sei reine Verschwendung sagten die einen, die anderen befürchteten massive Auswirkungen auf das Grazer Grundwasser – auch die Quellen, die das geliebte „Reininghaus"-Bier speisten, seien gefährdet. Es hagelte massive politische Kritik, es gab negative Rechnungshofberichte und auch Wassereinbrüche im Stollen, aber keines der Horror-Szenarien trat ein. Krainer trug das Projekt unbeirrt und mit Festigkeit durch – seit der zweiten Hälfte der 1980er Jahre ist es aus dem überregionalen Verkehrsgeschehen nicht mehr wegzudenken und stark frequentiert – niemand mag sich heute vorstellen, welch gigantische Kfz-Kolonnen sonst durch das Grazer Stadtgebiet strömen und für permanentes Verkehrschaos sorgen würden. Der Erfolg beim Plabutsch ist psychologisch auch für den jahrzehntelangen steirischen Kampf um den Semmering-Bahn-Tunnel sehr wichtig.

Friedrich Niederl tritt zurück

Friedrich Niederl trug sich im Laufe der Jahre immer wieder mit Rücktrittsgedanken. Im Mai/Juni 1980 war er nicht mehr zu halten und schlug Josef Krainer als seinen Nachfolger vor. In seiner Erklärung vom 17. Juni nannte er den 4. Juli als Termin der Wachablöse und betonte:

„Nach reiflicher Überlegung habe ich mich entschlossen, meine Funktion als Landeshauptmann zurückzulegen. Es ist dies meine persönliche Entscheidung, zu der mich niemand aufgefordert hat. Vielmehr haben mich alle meine politischen Freunde – vor allem Dr. Josef Krainer und Simon Koiner – immer wieder eindringlich gebeten, dieses Amt weiter auszuüben. Mein Entschluss aber ist unabänderlich. Wenn ich mich nun aus der Politik zurückziehe, liegen die Ursachen weder in meiner Gesundheit – ich fühle mich in einer für mein Alter erfreulichen Weise gesund – noch in meinem 60. Geburtstag. (...) Aus meinen zahlreichen Kontakten der letzten Tage weiß ich, dass diese meine Entscheidung in allen Teilen der Bevölkerung respektiert wird. Insbesondere wird es auch sehr positiv aufgenommen, dass die Nachfolgefrage klar geregelt ist und dass es einen nahtlosen und wohlgeordneten Übergang geben wird. Die Wahl von Dr. Josef Krainer zum Landeshauptmann wird einhellig begrüßt und unterstützt. Er ist jene Persönlichkeit, die im ganzen Land große Anerkennung findet. Er ist der beste Mann für unser Land. Seine Persönlichkeit und seine bisherige erfolgreiche Arbeit gewährleisten die Weiterführung des guten und bewährten Weges der steirischen Politik mit neuen starken Impulsen." Dies wiederholte Niederl auch vor dem VP-Vorstand und im Landtag.

So kam es zur einstimmigen Nominierung durch den VP-Landesparteivorstand und zur einstimmigen Wahl Krainers zum Landeshauptmann am 4. Juli durch den Landtag.

Unter dem Titel „Nach 800 Jahren noch Grenzlandprobleme" konstatierte Hannes Burger am 28./29. Juni 1980 in der „Süddeutschen Zeitung": „Als intellektueller, aber traditionsbewusster ÖVP-Politiker und als sozial engagierter liberaler Katholik tritt Krainer damit das Erbe seines Vaters und seines Vorgängers an."

Fulminante Antrittsrede

Über Krainers Antrittsrede im Landtag schrieb der damalige Chefredakteur der „Kleinen Zeitung", Fritz Csoklich, unter dem Titel „Ein weites Land" am 5. Juli 1980: „Nicht weniger überraschend für viele waren einige der Kernsätze, die Josef Krainer in seiner Antrittsrede vorlegte, sowie der konziliante Geist dieser Rede insgesamt. Im Vordergrund stand ein wiederholtes Bekenntnis zur Zusammenarbeit, das Eintreten für ein Klima echter Liberalität, für ein höheres Maß an Toleranz. Statt jeden Gejammers über die bösen Zeiten war die Ansprache an der Zukunft orientiert, und Krainer warnte ebenso vor Visionen wunderbarer Jahre wie vor der Horrorschau apokalyptischer Zeiten. Als ‚Landesthema Nr. 1' bezeichnete der neue Landeshauptmann schließlich die Sicherung der Arbeitsplätze. Alles in allem: ungewöhnliche Worte für einen Spitzenpolitiker der VP. Wenn Krainer überdies die Werte der Volkskultur einschließlich Waggerl und Blasmusik hervorhob, andererseits aber Böll, Handke, Roth und Kolleritsch zitierte und die Erhöhung des Budgets für den Steirischen Herbst lobte, so deutete er damit den weiten Bogen seiner Zielvorstellungen an. Und viele im Saal wussten, dass das, was Krainer da gesagt hat, nicht nur so dahingeredet, sondern auch in den eigenen Reihen durchgekämpft war: gegen hartnäckige Intrigen und Attacken aus dem Hintergrund. Um eine möglichste Offenheit, die eigene Substanz und Identität der Partei nicht aufgibt, hat sich Krainer schon seit seiner Wahl zum geschäftsführenden Parteiobmann im Frühjahr 1972 bemüht. In diesem Sinn sagte er damals: Eine Partei, die sich mit Vorliebe ‚konservativ' deklariert, wird kaum darum herumkommen, dass man sie als quasi-statisch betrachtet. ‚Dynamisch' bedeutet keinen Ausschluss der Vergangenheit. Aber gerade um dieser Vergangenheit willen müssen wir die Zukunft erobern, um das Morgen und Übermorgen vorzubereiten.

Josef Krainer bemühte sich in den letzten Jahren um sachliche Weichenstellungen, ebenso um einprägsame personelle Zeichen in dieser Richtung: Nachwuchspolitiker wie Bernd Schilcher und Helmut Strobl wurden als Mandatare der steirischen VP durchgesetzt, nachdem Bedenken im eigenen Lager überwunden werden konnten. Damit wurden der VP in der Steiermark neben den bewährten Kräften aus den eigenen Kernbereichen zusätzliche Elemente gewonnen, die auch außerhalb der Stammwähler Aufmerksamkeit erregten. Die gestrige Antrittsrede des neuen Landeshauptmannes lässt erwarten, dass er diese seine Politik in Zukunft konsequent fortsetzen will. Hans Weigel hat einmal geschrieben, dass die Steiermark und Graz ‚weit' seien, ‚weit' nicht im Gegensatz zu ‚nah', sondern zu ‚eng'. Josef Krainer, der dieses weite Land und seine Menschen kennt wie kaum ein anderer, dürfte mit einer solchen Deutung des steirischen Selbstverständnisses voll übereinstimmen. Und in der Richtung einer so verstandenen Weite sind von dem neuen steirischen Landeshauptmann neue Initiativen, wohl auch Überraschungen zu erwarten, die über die Grenzen der Steiermark hinaus ihre Auswirkungen haben könnten."

4. Juli 1980: Friedrich Niederl übergibt die Landeshauptmann-Stafette an Josef Krainer.

Einige Kernpassagen der apostrophierten Krainer-Rede am 4. Juli 1980 lauteten u. a.: „Ich werde mit aller Kraft und sicherlich mit meinem ganzen Wesen versuchen, mein Bestes zu geben und allen als Landeshauptmann zu dienen. Das heißt, auch ein altes steirisches Wort: ein Landeshauptmann aller Steirer zu sein. Dieses Motto hat schon mein Vater in seiner Antrittsrede als Landeshauptmann gewählt, die er 1948 fast auf den Tag genau vor 32 Jahren hier in diesem Hohen Haus gehalten hat. Ich bin damals als 18jähriger in der alten Landstube dort drüben gestanden. (Krainer deutete mit der für ihn charakteristischen weitausholenden Gestik auf einen bestimmten Punkt im Raum.) (...) Kontinuität und Erneuerung, Eigenständigkeit und Zusammenarbeit, Vielfalt und Einheit,

Grundsatztreue und Offenheit, Tradition und Fortschritt, das sind die Begriffspaare, die das fruchtbare Spannungsfeld steirischer Politik bisher beschrieben haben und es auch in der Zukunft beschreiben werden. (...) Österreichs Einheit lebt in der bundesstaatlichen Vielfalt, meine Damen und Herren. Daher sind wir überzeugte Föderalisten, Zentralismus provoziert nicht selten separatistische Tendenzen – lebendiger Föderalismus hingegen stärkt auch die gesamtstaatliche Ordnung. Und nicht nur historische und staatsrechtliche Erwägungen und etwa der Hinweis auf das Subsidiaritätsprinzip lassen uns auf unsere Eigenständigkeit pochen. Vor allem ist es auch, man kann es ruhig so nennen, die neue Sehnsucht vieler, vieler moderner Menschen nach Überschaubarkeit, nach Geborgenheit, die uns bestärkt in dieser Haltung. (...) Landespolitisches Schwerpunktthema Nummer eins bleibt Schaffung und Sicherung von Arbeitsplätzen in diesem Land. Wir kämpfen um jeden steirischen Arbeitsplatz. (...) Jeder Arbeitsplatz in diesem Land, ob in der Industrie, im Gewerbe, in der Landwirtschaft, im privaten oder im verstaatlichten Teil, im Handel, in der Dienstleistung, im Fremdenverkehr, ist uns gleich wichtig und die genannten Bereiche bilden gemeinsam die steirische Wirtschaft, und sie bedingen einander. (...) Zur infrastrukturellen Voraussetzung gehört die Fertigstellung der steirischen Autobahnen, der Schnellstraßen und Bundesstraßen. Das Land hat ein großes finanzielles Opfer gebracht mit 1,5 Milliarden Schilling, sowohl für die Vorfinanzierung der Süd- wie auch für die Erweiterung der Gesellschaft der Pyhrnautobahn-AG. (...) Der Bund muss seine Verantwortung als Eigentümer gegenüber den verstaatlichten Betrieben intensiver wahrnehmen als bisher. Es werden durch zusätzliche Investitionen in zukunftsträchtige Produktionsbereiche die Arbeitsplätze der rund 30.000 steirischen Arbeitnehmer in diesen Betrieben zu sichern sein. Die Frage der Ersatz- und Zusatzarbeitsplätze für die VEW Judenburg und die vom VÖEST-Alpine-Generaldirektor Apfalter bei der jüngsten Bilanzpressekonferenz genannte dringliche Milliardenforderung für die VEW sind Beispiele für ein notwendiges und verstärktes Eingreifen des Eigentümers Bund. (...) Die Grenzlandförderung ist eine staatspolitische Aufgabe ersten Ranges. Sie ist seit 1958 ein Schwerpunkt unserer Politik gewesen. (...) Im Miteinander konnte in diesem Land vieles erreicht werden, viel, viel mehr erreicht werden als im Gegeneinander, und die gemeinsamen Erfolge und Leistungen der letzten Jahre bestätigen es uns, dass dieses immer wieder auch bezweifelte und sogenannte steirische Klima keine hohle Phrase ist. Und in diesem fruchtbaren Klima wollen wir weiterarbeiten."

Und der neugewählte Landeshauptmann startete sein Arbeitsprogramm mit ungeheurer Dynamik. Sein Erscheinen – angekündigt und unangekündigt – bei den unterschiedlichsten Veranstaltungen in allen Teilen des Landes erzeugte das Gefühl einer Omnipräsenz. Auch medial war das Echo hervorragend, sodass nach wenigen Wochen der Eindruck erweckt war, Krainer stünde schon seit langem an der Spitze des Landes und es wäre gar kein anderer Landeshauptmann vorstellbar.

Zudem wurde schon in wenigen Wochen sichtbar, was auch vorher erwartet worden war, nämlich dass Josef Krainer nicht so sehr am „unpolitischen" Friedrich Niederl, sondern vielmehr als „homo politicus" am Stil seines Vaters anschließen und an ihm zu messen sein würde.

Kampf gegen Korruption und für Kontrolle

Ende Juli 1980 wurde deutlich, was sich monatelang abgezeichnet hatte. Der einst innerparteilich mächtige und nicht zu den Krainer-Fans zählende 60-jährige Wirtschaftsbundobmann und Wirtschaftslandesrat Anton Peltzmann war rücktrittsreif. Es wurde bestätigt, was lange gemunkelt worden war: Peltzmanns Frau war an der TKV (Tierkörperverwertungs-Gesellschaft) beteiligt gewesen, die mit Gewinn verkauft und vom Ressort ihres Mannes gefördert worden war.

Krainer nutzte die Gelegenheit in doppelter Hinsicht: Einerseits installierte er seinen langjährigen Vertrauten, den hochgebildeten und unkonventionellen Industriellen Hans Georg Fuchs, als neuen Landesrat, andererseits profilierte er sich als „Saubermann", der ohne Ansehen der Person und Partei durchgreift und auch strukturelle Maßnahmen gegen Korruption setzt, die österreichweit Interesse hervorriefen.

Der Sommer 1980 war nämlich bundesweit gekennzeichnet von diversen Affären und Skandalen, wie die um den Bau des Wiener AKH oder die Auseinandersetzung zwischen Bundeskanzler Kreisky und seinem von ihm verstoßenen Ex-Kronprinzen Vizekanzler Hannes Androsch wegen dessen Steuerberatungskanzlei und allerlei angeblicher, allerdings nie bewiesener Verquickungen. Der damalige Bundespräsident Rudolf Kirchschläger sah sich veranlasst, zur „Trockenlegung saurer Wiesen" aufzurufen.

Krainer gab bei angesehenen Wissenschaftern wie Christian Brünner und dem Motor der Grazer Schule der Juristenpolitologie, Wolfgang Mantl, eine große interdisziplinäre Studie „Korruption und Kontrolle" in Auftrag, welche die unterschiedlichsten Facetten aufzeigte. Nicht zuletzt aufbauend darauf wurde wenig später der erste weisungsungebundene Landesrechnungshof eines österreichischen Bundeslandes geschaffen. Dieser wurde von seinem ersten Direktor Gerold Ortner zu einer „Institution mit scharfen Zähnen" auf- und ausgebaut. Im nächsten Jahrzehnt sollten dieser steirischen Pionierleistung die Rechnungshöfe der anderen Bundesländer folgen.

Gezielte Personalpolitik

Das Beispiel zeigt mehrere Konstanten in Krainers Handeln, insbesondere sein Streben, politische Entscheidungen durch wissenschaftliche und fachliche Expertise vorzubereiten und abzusichern, und seine Freude daran, konsequent Funktionen mit interessanten Menschen seines Vertrauens zu besetzen und neue Personen gezielt aufzubauen – „Frischzellenkur" hat er es immer wieder genannt. Natürlich waren auch „Flops" darunter, für die Krainer auch mit der Bemerkung *cura* bzw. *culpa in eligendo* die Verantwortung übernahm, aber die Liste seines Talente-Schuppens liest sich eindrucksvoll.

Als er im November 1980 auf Vorschlag und in Nachfolge Friedrich Niederls zum Landesparteiobmann der Steirischen Volkspartei mit 93,9 Prozent der Stimmen gewählt wurde, nominierte er ein ungewöhnliches Obmann-Stellvertreterteam:
- den Angestelltenbetriebsratsobmann der VOEST-Alpine Hauptverwaltung Leoben – einer der wenigen führenden VP-

Der junge und dynamische Landeshauptmann Josef Krainer in seinem Amtsraum in der Grazer Burg

1957 heiratete Josef Krainer Rosemarie geb. Dusek.

Bis zu Rosemaries überraschendem Tod 2001 glücklich verheiratet. Das Ehepaar Josef und Rosemarie Krainer mit den Kindern, Schwiegerkindern und Enkelkindern im Frühjahr 2006.

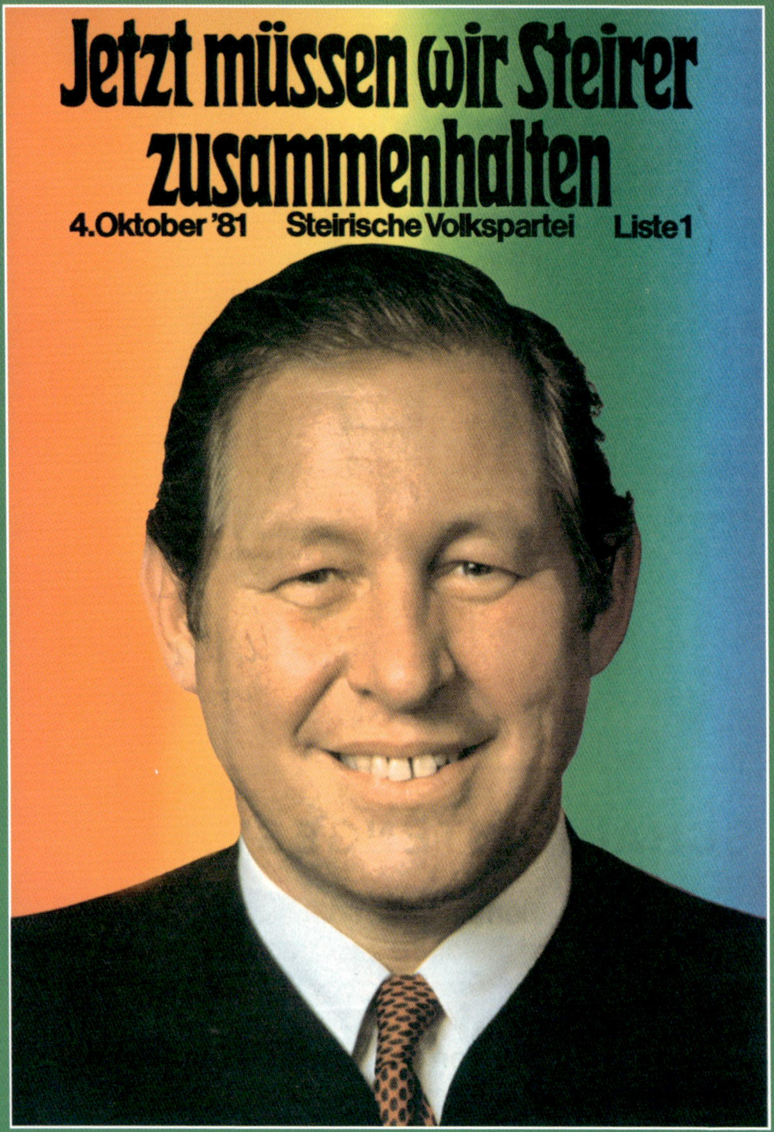
Jetzt müssen wir Steirer zusammenhalten
4. Oktober '81
Steirische Volkspartei
Liste 1

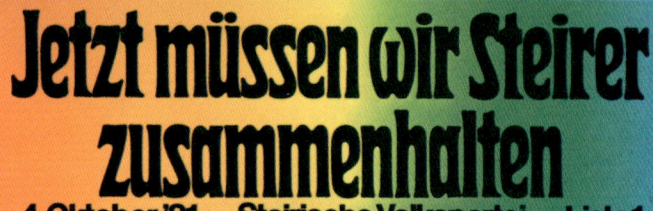

Viele Jahre hindurch enger politischer Mitstreiter: Karl Maitz

Personalvertreter in der SP-Hochburg –, Paul Burgstaller, der später Nationalratsabgeordneter und eine der zentralen steirischen VP-Figuren im Wiener Parlament werden sollte;
- Lindi Kálnoky Gräfin, in Südafrika geboren, Mutter von sechs Kindern, Vorsorgemedizinerin, später Bundesrätin, Landtagsabgeordnete und Dritte Landtagspräsidentin;
- den Sägewerker und Nationalratsabgeordneten Hermann Lussmann aus dem Bezirk Liezen;
- den Hartberger Bauern und Landtagsabgeordneten Erich Pöltl, der später steirischer Bauernchef und Landesrat werden sollte.

Josef Riegler, einer der Nachfolger Krainers, sowohl als Generalsekretär der Katholischen Aktion als auch als steirischer Bauernbunddirektor, war in diesen Wochen des Jahres 1980 neben seiner Funktion als ÖVP-Agrarsprecher auch gesamtösterreichischer Bauernbunddirektor geworden.

Ganz deutlich wird diese gezielte „Nachwuchspflege", wenn man die Namen der Verantwortlichen für das Modell Steiermark für die 1980er Jahre liest, das Krainer zu seinem politischen Programm erhob und dessen Diskussionsentwurf er Ende September 1980 vorstellte. Zu nennen wären u. a.:

- Alfred Grinschgl, später österreichischer Privatradiopionier und heute einer der führenden Medienexperten der Republik;
- Franz Hasiba, später Grazer Bürgermeister, Landesrat, Landeshauptmann-Stellvertreter, Landtagspräsident, ÖAAB-Landesobmann;
- Helmut Heidinger, später Wirtschaftslandesrat;
- Gerhard Hirschmann, später Landesparteisekretär, Landtagsklubobmann, geschäftsführender Landesparteiobmann, Landesrat;
- Waltraud Klasnic, später Dritte Landtagspräsidentin, Landesrätin, Landeshauptmann-Stellvertreterin, Wirtschaftsbund-Landesobfrau, erster weiblicher Landeshauptmann Österreichs und Landesparteiobfrau;
- der bereits erwähnte Universitätsprofessor Wolfgang Mantl, später u. a. Vorsitzender des Österreichischen Wissenschaftsrates;
- Herbert Paierl, später Büroleiter des Landeshauptmannes und Landesrat;
- Hermann Schaller, später Landesrat;
- Universitätsprofessor Bernd Schilcher, später Landtagsklubobmann und Landesschulratspräsident;
- Hermann Schützenhöfer, später Landtagsklubobmann, ÖAAB-Landesobmann, Landesrat, heute Landesparteiobmann und erster Landeshauptmann-Stellvertreter;
- Helmut Strobl, späterer Grazer Kulturstadtrat und VP-Stadtparteiobmann;
- Universitätsprofessor Gunther Tichy, einer der führenden österreichische Nationalökonomen, der bald darauf von Krainer zum Wirtschaftsberater des Landes bestellt wurde.

Das VP-Spitzenteam von Josef Krainer im Jahr 1980 v. l. n. r.: Wirtschaftslandesrat Hans Georg Fuchs, 3. Landtagspräsident Franz Feldgrill, Landtagspräsident Hanns Koren, Krainer, Landeshauptmannstellvertreter Franz Wegart, Agrarlandesrat Simon Koiner und Kulturlandesrat Kurt Jungwirth

Die jungen Universitätsassistenten Manfred Prisching und Michael Steiner, die heute zu den arrivierten Universitätsprofessoren, Studienautoren und Publizisten in ihrem Fachbereich zählen, waren die wissenschaftlichen Betreuer des Programmprozesses.

Wenig später stieß auch Cordula Frieser, Steuerberaterin und Enkelin bzw. Schwester der bedeutenden zeitgenössischen bildenden Künstler Anton und Cornelius Kolig hinzu – sie war danach viele Jahre Nationalratsabgeordnete und VP-Kultursprecherin.

Öffnung zu alternativen und grünen Gedanken

Mit dem Modell Steiermark versuchten Krainer & Co auch das aufkommende grüne Gedankengut zu integrieren. Diese Öffnungen hatten in der Steirischen Volkspartei seit 1945 eine gute Tradition – war es nach 1945 vor allem das „nationale Lager", so waren es in den

1970er Jahren die Ausläufer der österreichischen 68er-Bewegung, zu denen Brücken geschlagen wurden. Die Koren'sche Kulturpolitik mit dem „steirischen herbst" zählt genauso dazu wie das Engagement von Bernd Schilcher und Helmut Strobl in der VP-Politik und ab 1982 von Gerfried Sperl als Chefredakteur der im Parteieigentum stehenden „Süd-Ost Tagespost". Die drei Genannten hatten in den 1960er Jahren als Studentenpolitiker mit einer neuen Gruppierung – „Aktion" – abseits der traditionellen Parteiableger Furore gemacht.

Wörtlich sagte Krainer, der einen eigenen Modell-Arbeitskreis „Alternative Lebensformen" einsetzte: „Die Parallelen alt-steirischer und alternativ-steirischer Lebensstile, die ja unleugbar gleiche Wurzeln haben, bestärken uns in der Ansicht und Überzeugung, dass grün in der Grünen Mark mehr als eine Modefarbe ist. Wir wollen alle guten, auch alternativen Ideen für die Bewältigung unserer künftigen Aufgaben aufgreifen."

Nicht zuletzt die Einsetzung eines Landesenergiebeauftragten, die Erstellung eines Landesenergieplans mit Hauptakzent „Erneuerbare Energien" und „Energiesparen" sowie die österreichweit weitestgehende „Entschwefelung" kalorischer Kraftwerke – gegen heftige Widerstände der E-Wirtschaft –, die Förderung der Biomasse und anderes mehr in den folgenden Jahren gehen darauf zurück. In diesem Kontext ist auch die spätere Entwicklung des Modells der Öko-Sozialen Marktwirtschaft durch Josef Riegler zu sehen. (Josef Krainer holte Riegler übrigens im Dezember 1983 zunächst wieder von Wien nach Graz und berief ihn zum steirischen Umwelt- Landesrat.)

Diese Brückenschläge und Öffnungen zu den unterschiedlichsten Gruppen dürften auch dazu geführt haben, dass die VP in der Steiermark bei Landtagswahlen traditionell besser abschnitt als bei Nationalratswahlen, bei denen die SP von 1970 bis 1999 ununterbrochen die Nr. 1 im Bundesland war. Die Steiermark ist im Gegensatz zu westlichen Bundesländern sicherlich kein sozio-strukturell VP-affines Land, insbesondere nicht die Industrieregion in der Obersteiermark.

Landeshauptmann Josef Krainer und Bundeskanzler Bruno Kreisky: viele Begegnungen im Zusammenhang mit der Verstaatlichten, ein Verhältnis gegenseitiger Wertschätzung

Die Krise der Verstaatlichten Industrie

1980 befand sich die Steiermark wirtschaftlich am Beginn der schweren Krise der Verstaatlichten Industrie und mit den damaligen Benachteiligungen aus der Grenz- und Randlage in der wahrscheinlich schwierigsten Situation aller österreichischen Bundesländer.

Das wohl bedrängendste Problem in der ersten Phase der Amtszeit von Josef Krainer war daher die Verstaatlichte. Einst war die Eisen- und Stahlindustrie der Dynamo der steirischen Wirtschaft gewesen, das an der Montanuniversität Leoben entwickelte LD-Verfahren hatte international als revolutionär gegolten. Durch das weltweite Auftreten von verkehrsgeografisch wesentlich günstiger gelegenen Stahlwerken, etwa an großen Flüssen oder in leicht erreichbaren Ebenen, aber auch durch Missmanagement und politische Einflussnahme war die heimische Stahlindustrie jedoch in eine veritable Überlebenskrise geraten. Schon in den 1970er Jahren hatten daher Experten die „Einmottung" des Erzberges und die Schließung der Hochöfen in Donawitz gefordert. Tausende von Arbeitsplätzen wurden abgebaut, Milliarden von Schillingen flossen in die Defizitabdeckung. Die von der SP-Alleinregierung Kreisky, die ja der Eigentümervertreter der Verstaatlichten war, herbeigeführte Stahlfusion von VÖEST Linz und Alpine Donawitz zur VOEST-Alpine und von Böhler, Schoeller-Bleckmann und Styria Judenburg zur VEW (Vereinigte Edelstahlwerke) brachte vor allem bei der VEW nicht die erhofften Resultate. In den Standortbezirken der Stahlbetriebe in der Mur-Mürz-Furche mit Judenburg, Leoben-Donawitz, Kapfenberg und Mürzzuschlag als den wichtigsten Werken herrschte de facto eine wirtschaftliche Monostruktur. Die Stahlkrise prägte die gesamte Wirtschaft und das Leben in der Region.

Bundeskanzler Kreisky versuchte auch aus parteipolitischen Überlegungen – in diesen Bezirken dominierte die SPÖ mit bis zu 80-prozentigen Mehrheiten etwa in Kapfenberg – zu kalmieren. Er berief für den 27. Oktober 1980 eine Obersteiermark-Konferenz in Leoben ein, bei welcher der Landeshauptmann nur eine marginale Rolle spielen sollte.

Josef Krainer aber ruhte nicht und entwickelte mit seinem Wirtschaftslandesrat Fuchs mehrere Konzepte, um Kreisky und die SPÖ in deren ureigenster Domäne herauszufordern. Das Land sei bereit, für 100 Mill. Schilling VEW-Aktien zu kaufen, wenn der verantwortliche Alleineigentümer Bund mit seinen ungleich größeren finanziellen Möglichkeiten (das Bundesbudget war 1981 sechzehnmal größer als das Landesbudget) eine Milliarde Eigenkapital aufbringe – später wurde das Angebot auf 200 Millionen erhöht. Darüber hinaus wurden ein Stahl- und Strukturprogramm gefordert und eigene Studien in Auftrag gegeben. Das zeigte politisch die gewünschte Wirkung: Kreisky setzte jetzt auf Kooperation statt auf Konfrontation und Krainer gewann auch in Bezug auf die Arbeitsplatzkompetenz – eine SP-Erbpacht – an Kontur.

Der innenpolitische Zenit (1981–1986)

1981: Die Wahlvorverlegung um zwei Jahre

Das signalisierten auch die Umfragen. Eine Fessel-Studie von Mai/Juni 1981 ergab, dass 66 Prozent der Befragten Landeshauptmann Krainer „wirksame Maßnahmen zur Arbeitsplatzsicherung" zutrauten, während dies nur 24 Prozent dem sozialdemokratischen Landesparteivorsitzenden, Landeshauptmann-Stellvertreter Hans Gross, zumaßen. Bei den Spontannennungen, wer sich am meisten für die VEW einsetze, lag Krainer mit 28 Prozent noch vor Kreisky mit 21 Prozent.

Kein Wunder, dass bei der Frage, für wen man sich entscheiden würde, wenn man den Landeshauptmann direkt wählen könnte, 65 Prozent für Krainer und nur 18 Prozent für Gross votierten. Auch in den Bekanntheits- und Sympathiewerten führte der Landeshauptmann überragend.

Sicherlich auch bestärkt durch dieses Umfrage-Ergebnis, strebte der Landeshauptmann eine Vorverlegung der regulär erst für Herbst 1983 am Terminkalender stehenden Landtagswahlen um zwei Jahre an – eine so massive Vorverlegung hatte es bis dahin bei keiner Landtagswahl in einem österreichischen Bundesland seit 1945 gegeben, einzig bei den Nationalratswahlen im Herbst 1971, bei denen bekanntlich Kreisky, der im Frühjahr 1970 eine Minderheitsregierung gebildet hatte, die absolute Mehrheit errang.

Krainer nannte folgende Gründe:
1. Es hat ohne vorhergehende Volkswahl nicht nur den Wechsel der beiden Spitzenverantwortungsträger der Groß-Parteien, sondern überhaupt den größten Wechsel innerhalb der Steiermärkischen Landesregierung seit 1945 gegeben. Mehr als die Hälfte der Regierungsmitglieder (5 von 9 insgesamt, 3 von 5 der Volkspartei, 2 von 4 der SPÖ) waren neu in ihrer Funktion.

Es waren dies Krainer selbst, Hans Georg Fuchs und Simon Koiner (zuvor steirischer Bauernchef) bei der VP und bei der SP deren neuer Spitzenmann Hans Gross (zuvor ÖGB-Landessekretär und Zweiter Landtagspräsident) und Gerhard Heidinger. Dies war ein beachtlicher Generationenwechsel, nachdem das SP/VP-Regierungsteam zwischen 1971 und 1980 trotz zweier Landtagswahlen völlig unverändert geblieben war. Der Gross-Vorgänger Adalbert Sebastian hatte zwei Landtagswahlen als Spitzenkandidat verloren. Ein direkter Vertrauensauftrag der Bevölkerung, also eine Legitimation durch Volkswahl, schien daher wünschenswert.

2. Die Vermeidung eines Dauerwahlkampfes. Vor allem die steirischen Sozialisten hatten unmittelbar nach dem 4. Juli 1980, dem Amtsantritt Krainers, mit großen Plakataktionen begonnen. Die Ankündigung des Bundeskanzlers Kreisky beim SPÖ-Bundesparteitag im Mai 1981 in Graz über eine mögliche Vorverlegung der Nationalratswahlen setzte Entscheidungs- und Meinungsbildungsmechanismen bezüglich des Landtagswahltermins innerhalb der Volkspartei in Gang. Die Eigenständigkeit der steirischen Landtagswahlentscheidung ohne Überschneidung mit Bundeswahlen sollte schließlich weiterhin auf jeden Fall gewährleistet bleiben.

3. Insbesondere die schwierige wirtschaftliche Lage der Steiermark – vor allem im Bereich der Betriebe der Verstaatlichten Industrie und der verstaatlichten Banken. „In einer so schwierigen Zeit müssen wir ohne Schielen auf Wahltermine und parteitaktische Vorteile gemeinsam an der Bewältigung unserer Aufgaben arbeiten und auch durch geeintes und steirisches Auftreten die Wiener-Zentralstellen zu verstärktem Engagement aktivieren", unterstrich Landeshauptmann Krainer diesen zentralen Punkt der Vorverlegungsbegründung.

Die Landtagswahlen seit 1945 – ein Exkurs

Um die längerfristige strategische Ausgangslage für die steirische Landtagswahl am 4. Oktober 1981 beurteilen und ihr Ergebnis rich-

Josef Taus war von 1975 bis 1990 steirischer VP-Spitzenkandidat bei den Nationalratswahlen.

tig bewerten und einordnen zu können, ist es sinnvoll, kurz die historische Entwicklung zu betrachten.

Die erste Landtagswahl am 25. November 1945 brachte für die Volkspartei eine massive absolute Mehrheit (ÖVP 53,02 Prozent, SPÖ 41,59 Prozent, siehe auch die Tabelle zu den steirischen Landtagswahlen im Anhang). Die beiden nächsten Landtagswahlen, die zugleich mit den Nationalratswahlen stattfanden, waren trendmäßig von denselben Ergebnissen wie auf Bundesebene gekennzeichnet. Am 9. Oktober 1949 fiel die Volkspartei von 53,02 auf 42,90 Prozent zurück, auch die SPÖ nahm von 41,59 auf 37,43 Prozent ab. Davon profitierte der FP-Vorläufer VdU (Verband der Unabhängigen), der als WdU (Wahlpartei der Unabhängigen) bei den Wahlen antrat und beachtliche 14,54 Prozent der Stimmen hinter sich versammelte. Am 22. Februar 1953 wurde die SPÖ wie bei den Nationalratswahlen auch bei den Landtagswahlen in der Steiermark stimmenstärkste Partei, nur durch die Wahlarithmetik blieb die Volkspartei mit einem Mandat vorne und konnte Bundeskanzler und Landeshauptmann halten.

Diese Erfahrungen und die Feststellung, dass durch gemeinsame Wahltermine die Ebenen des Wählerurteils unerwünscht vermengt werden, führten zur historischen Entscheidung der Volkspartei, steirische Landtagswahlen künftig getrennt von Nationalratswahlen durchzuführen. Seit Mitte der 1950er Jahre war das Motto „Steirisch wählen heißt eigenständig wählen" vier Jahrzehnte hindurch ausschlaggebend für Landtags-Wahlterminentscheidungen. Für die Volkspartei gab es unter Landeshauptmann Josef Krainer sen., der von 1948 bis 1971 die Geschicke der Steiermark lenkte, seither eine kontinuierliche Stimmenzunahme. Bei den ersten eigenständigen steirischen Landtagswahlen am 10. März 1957, die erstmals als Persönlichkeitswahlen (Krainer-Wahlen) konzipiert waren, konnte sich die Volkspartei von den 40,69 Prozent des Jahres 1953 deutlich auf 46,40 Prozent verbessern, auch die SPÖ profitierte mit einem Anstieg von 41,09 Prozent auf 43,63 Prozent vom Niedergang des WdU. Die ÖVP-Prozentreihe der Jahre 1957 (46,40 Prozent), 1961 (47,12 Prozent), 1965 (48,41 Prozent) und 1970 (48,59 Prozent) zeigt die stetige Zunahme unter Landeshauptmann Krainer, während SPÖ und FPÖ unterschiedlich abschnitten.

Trotz dieser Stimmengewinne ist es aber wichtig anzumerken, dass Krainer I nie mehr als 48,59 Prozent der Stimmen (1970) und nur einmal – 1965 – die absolute Mandatsmehrheit von 29 erzielte, obwohl im Bewusstsein der Bevölkerung Landeshauptmann Krainer und die Steiermark als Synonyme erschienen, er „ein Stück Fleisch und Blut gewordene Steiermark" (Hanns Koren) war.

Erst als nach dem Tod Krainers 1971 die Sorge um den „Verlust des bürgerlichen Landeshauptmannes" weite Kreise erfasste und die SPÖ unter Landeshauptmann-Stellvertreter Sebastian den Landeshauptmannanspruch stellte, gelang es der Volkspartei, bei den Landtagswahlen am 20. Oktober 1974 mit Landeshauptmann Friedrich Niederl und Josef Krainer II im Hintergrund den Rekordsieg von 53,27 Prozent der Stimmen zu erzielen. Die SPÖ und die FPÖ, die sogar nur knapp ihr Grazer Grundmandat halten konnte, erlitten schwere Verluste.

Bei den Landtagswahlen 1978 gelang es Niederl, der anders als Krainer I, welcher naturgemäß auch Ecken und Kanten hatte, kein Vollblutpolitiker war, sondern eine liebenswürdige landesväterliche

Erscheinung darstellte, die vor allem auch unpolitische Schichten ansprach, die absolute Stimmenmehrheit trotz eines Verlustes von einem Mandat und eines Stimmenminus von 1,32 Prozent bei 51,95 Prozent zu stabilisieren. Die SPÖ sank bei diesen Landtagswahlen auf ihren tiefsten Stand seit 1949 ab, die FPÖ konnte sich erholen und profitierte vom Götz-Effekt. Der Grazer Bürgermeister Alexander Götz war eine Woche vor der Landtagswahl 1978 neuer FPÖ-Bundesparteiobmann geworden und wurde als aufgehender Komet gefeiert.

Das exakte Ergebnis der Landtagswahl vom 8. Oktober 1978 und damit die Ausgangslage für 1981 war: VP 51,95 Prozent (30 Mandate), SP 40,30 Prozent (23 Mandate), FP 6,42 Prozent (3 Mandate).

Unerwartete SP-Zugewinne 1981

Alle drei Parteien proklamierten für 1981 das Halten ihres Mandatsstands als Ziel.

Das Wahlziel der Volkspartei wurde von den Medien und insbesondere der SPÖ-Wahlpropaganda gezielt angezweifelt. Es wurde die Meinung kolportiert, Krainer habe wegen günstiger Umfragen vorverlegt, um Mandate zu gewinnen.

Die SPÖ führte und plakatierte einen reinen Defensivwahlkampf. Daran knüpfte die SPÖ weiters die Behauptung, dass Landeshauptmann Krainer die Zweidrittel-Mehrheit in der Regierung anstrebe – ein Vorgang, der theoretisch nur bei einem ÖVP-Direktgewinn zweier Mandate von der SPÖ denkbar gewesen wäre.

„Ein Landeshauptmann für alle Steirer" und „Jetzt müssen wir Steirer zusammenhalten" waren die zentralen Wahlaussagen der ÖVP-Werbung, die bewusst auf Krainer setzte.

Ein Symbol in der Wahlwerbung Krainers war bereits 1981 – und sollte es auch bei späteren Wahlgängen sein – das „Herz" als Anstecker, in Broschüren und auf Klebern. Die Wahlwerber des Landeshauptmannes wollten damit nicht nur signalisieren, dass Krainers „Herz für die Steiermark und die Landsleute schlägt" und dass er ein herzlicher Mensch ist – er sollte bewusst „weich" gezeichnet werden, weil seine Stärke und Durchsetzungskraft ohnehin unbestritten waren und vom politischen Kontrahenten als „übermächtig" dargestellt wurden. Es war dies ein bewusster Gegensatz zur Werbestrategie für seinen Vorgänger Niederl und seine Nachfolgerin Klasnic, denen werblich verstärkt „steirische Kraft" attestiert wurde, weil ihnen zwar höchst sympathische Ausstrahlung, aber gewisse Durchsetzungsdefizite attestiert wurden.

Der kenntnisreiche Beobachter der österreichischen Politik, Hans Werner Scheidl, auch Autor des 2002 im Ueberreuter-Verlag erschienenen Landeshauptmann-Porträt-Buches *Die Monarchen der Zweiten Republik*, schrieb wenige Tage vor der Wahl in der „Presse" am 26./27. September 1981: „Ein Mann der ganzen steirischen Breite. So eigenartig der Plakatslogan zunächst klingen mochte – nichts wird dem Charakter dieses Mannes mehr gerecht. Peter Handke und Peter Rosegger sind seine Lieblingsautoren; im Hubschrauber über die Waldheimat lässt er sich die ‚Vierte' von Brahms spielen, die hier entstanden ist; wenn er heikle Reden auszufeilen hat, legt er sich die Platte der Krieglacher Stubenmusi auf; sein Lieblingsmaler ist Herbert Boeckl; Bob Dylan, immerhin ein hochinteressanter Musiker, Mutter Teresa und Lech Walesa sind bewunderte Vorbilder der Gegenwart. Ein Politiker, der erlebt, wie ihm Herzen zufliegen, und der dann seufzt: ‚So ein Wahlkampf ist was Wunderschönes. Weil man zu so vielen guten Leuten kommt.' Und das klingt nicht einmal kitschig."

Unmittelbar vor dem Wahltag erschien ein Artikel von Hanni Konitzer in der „Frankfurter Allgemeinen Zeitung" (2. Oktober 1981): „Josef Krainer junior, der 51 Jahre alte Landeshauptmann der Steiermark, ist weit über die Grenzen seines Bundeslandes hinaus bekannt. Er gilt als eine der stärksten politischen Begabungen Österreichs, als einer der wenigen ‚Hoffnungs-Politiker' in den Reihen der Österreichischen Volkspartei. Aber Krainer will nicht in die Bundespolitik. Er will in Graz bleiben."

Wahlkampfleiter war Karl Maitz, einer der treuesten Mitstreiter Josef Krainers schon im Bauernbund und dann als Landesparteisekretär seit 1973.

Die Wahl brachte folgendes Ergebnis: Die Krainer-VP konnte mit leichten Stimmenverlusten (minus 1,06 Prozent auf 50,89 Prozent)

Politische Kontrahenten: LH Josef Krainer und 1. Landeshauptmann-Stellvertreter Hans Gross (SP) – im Hintergrund Landtagspräsident Hanns Koren

und 30 Mandaten ihre absolute Mehrheit halten, die SPÖ gewann 2,42 Prozent auf 42,72 Prozent und ein Landtagsmandat auf 24 hinzu, während die FPÖ auf 5,05 Prozent und 2 Mandate zurückfiel (ein Minus von 1,37 Prozent und einem Mandat).

Krainer und die Volkspartei hatten damit zwar ihr Wahlziel erreicht, aber es war ein kleiner Dämpfer gegenüber allzu hoch gesteckten Erwartungen. Insgesamt aber führte das Ergebnis zu einer ruhigen und konstruktiven Phase der Landespolitik, was nach der Hektik der Monate davor wohltuend wirkte.

Josef Krainer wurde am 21. Oktober 1981 vom Landtag wieder einstimmig zum Landeshauptmann gewählt, die Zusammensetzung der Landesregierung blieb unverändert. Und auch in seiner Regierungserklärung dominierten die bereits seit seinem Amtsantritt bekannten Themen – insbesondere die Arbeitsplatzfrage.

Der wiedergewählte Landeshauptmann zeigte sich zwar bei der von der SPÖ geforderten qualifizierten, also 2/3-Mehrheit für Wahlvorverlegungen – sie waren bislang mit einfacher Mehrheit möglich – vordergründig konziliant, stellte aber fest, dass es beim Grundsatz „Steirisch wählen heißt eigenständig wählen" bleiben müsse, explizit formulierte er die Forderung: „Ohne Überschneidung mit einem Bundeswahltermin im selben Jahr."

Krainer nützte auch die Gelegenheit, den Konflikt mit dem höchsten Beamten des Landes, Landesamtsdirektor Alfons Tropper, der als Letzter in der Steiermark noch den bombastischen Titel „Landesamtspräsident" trug, in seinem Sinne zu bereinigen und ihn beruflich „kaltzustellen". Es war dies einerseits eine verwaltungspolitische Notwendigkeit, da der Landesamtsdirektor ex lege der wichtigste Mitarbeiter des Landeshauptmannes ist und daher unter einem besonderen Loyalitätsvorbehalt steht, andererseits das Resultat einer persönlichen Entfremdung. Tropper war viele Jahre hindurch Büroleiter von Landeshauptmann Krainer I und hatte auch manches noch gemeinsam mit Krainer II in der Ära Niederl auf die Wege gebracht. Im Laufe der Jahre waren aber die Gegensätze immer unüberbrückbarer geworden, wobei Tropper nicht nur andere, wesentlich konservativere Positionen vertrat, sondern auch an anderen personellen Konstellationen arbeitete.

Ungewöhnliche Krainer-Forderung: Temporäre Beschäftigungsgarantie

In der Verstaatlichten-Politik hatte es der steirische Landeshauptmann nunmehr auf Augenhöhe zu Bundeskanzler Kreisky geschafft. Die zweite Obersteiermark-Konferenz fand unter beider gemeinsamem Vorsitz 1982 in Mürzzuschlag statt, ein Hauptreferent war Professor Tichy, der eine von Bund und Land gemeinsam in Auftrag gegebene Studie präsentierte. Ihre Kernthese: Die verstaatlichten Betriebe in der Obersteiermark brauchen eine temporäre Beschäftigungsgarantie, bis der parallel dazu einzuleitende Strukturerneuerungsprozess durch Investitionen in neue Geschäftsfelder und Technologien, aber auch durch Betriebsansiedelungen greift. „Endogene Erneuerung" war die Parole anstatt „passive Sanierung eines alten Industriegebiets", was nichts anderes bedeutet hätte als den Weg zu Industriemuseen bzw. -friedhöfen sowie zu verschärfter Abwanderung und Überalterung der Gesellschaft. Krainer machte sich diese Thesen zu eigen, was ihm da und dort den Ruf eines „Sozialisten" einbrachte. Seine konsequente Haltung – nämlich, dass die Umstrukturierung der Verstaatlichten kräftig von der öffentlichen Hand finanziert werden müsse – führte oftmals zu Konflikten mit der Bundes-ÖVP.

Retrospektiv betrachtet, war seine und Tichys Linie im Grunde richtig: Die Umstrukturierung wurde jedoch zu lange hinausgezögert, sodass es 1985/86 zum Kollaps der Verstaatlichten kam und dann auf „endogene Erneuerung" gesetzt wurde. Heute stehen z. B. Böhler (die VEW wurde inzwischen wieder aufgespalten), VOEST-Alpine Donawitz, Zeltweg und so manche neu angesiedelten Betriebe top da – allerdings war und ist die Abwanderung groß und drückte die Krise in den 1980er Jahren schwer auf den Arbeitsmarkt.

Große steirische Reformtradition

Am 24. April 1983 standen in Österreich Nationalratswahlen an: Für die SPÖ kandidierte nochmals der bereits kränkelnde Bruno Kreisky, der mit einer 13-jährigen Amtszeit der längstdienende Bundeskanzler der Republik war. Sein VP-Gegenüber war Alois Mock, der 1979 Josef Taus nach dessen zweiter Niederlage gegen Kreisky an der VP-Spitze abgelöst hatte. Taus führte jedoch weiter die steirische VP-Nationalratsliste an, die um den bisherigen Wirtschaftslandesrat Hans Georg Fuchs verstärkt wurde, dem in der Landesregierung der Landtagsabgeordnete und steirische Sparkassen-Chef Helmut Heidinger nachgefolgt war.

Alois Mock errang einen Achtungserfolg – er brach die absolute

Jahrzehntelang in politischer Spitzenverantwortung und fruchtbarer Diskussion: Alois Mock und Josef Krainer

SP-Mehrheit. Bruno Kreisky zog sich aus der aktiven Politik zurück, stellte aber noch die Weichen für die von ihm immer präferierte Zusammenarbeit von SPÖ und FPÖ. Fred Sinowatz (SPÖ) und Norbert Steger (FPÖ) bildeten als Kanzler und Vizekanzler die neue Regierung, die ÖVP blieb in Opposition.

Die in der öffentlichen Wahrnehmung schwache neue Bundesregierung bildete ein ideales Betätigungsfeld für Vorstöße zur österreichischen Politikreform aus der Steiermark. Diese Betonung der steirischen Eigenständigkeit und das forsche Auftreten gegenüber den Zentralstellen – Anti-Wien – haben eine starke Tradition, und ein so geschichtsbewusster Mann wie Josef Krainer betätigte virtuos die Klaviatur der steirischen Landesgeschichte in diesem Zusammenhang, wie er sie bereits in seiner Antrittsrede als Landeshauptmann am 4. Juli 1980 angestimmt hatte:

Schon in der Georgenberger Handfeste 1186 – dem Vertrag zwischen dem Herzog von Österreich und jenem der Steiermark (die seit

1180 Herzogtum war), der 1192 den Bund dieser beiden Territorien und damit die Geburt des österreichischen Föderalismus brachte – wurden den Steirern einige Privilegien eingeräumt. Wörtlich heißt es in der Urkunde: „Von jenen Bedrückungen und Steuereintreibungen, wie sie bekanntermaßen durch österreichische Schergen geschehen, soll das Land unserer Herrschaft, so wie es bisher war, nach unserem Willen frei sein. Wer immer es sein möge, der nach uns die Herrschergewalt haben wird, er soll hinsichtlich der Unseren, nämlich der Klosterleute, Ministerialen und Landsleute, diese auf ihre Bitten niedergeschriebene Urkunde ehrlich einhalten. Sollte er jedoch unter Missachtung der Gerechtigkeit mild zu herrschen verschmähen, sondern wie ein Tyrann sich gegen die Unseren erheben, sollen sie die Freiheit haben, den Kaiserhof anzurufen und vor ihn hinzutreten, um durch dieses Handfeste vor den Reichsfürsten ihr unverbrüchliches Recht zu fordern."

Allein das Büro des steirischen Landeshauptmannes ist geschichtsträchtig. Es befindet sich in der alten landesfürstlichen Burg in Graz, die Friedrich III, der von 1415 bis 1493 lebte, erbauen ließ und in welcher der Habsburger immer wieder residierte.

Ein weiterer Höhepunkt der Eigenständigkeit der Steiermark war die Rolle von Graz als Residenz der Habsburger Ländergruppe Innerösterreich, der auch Kärnten und wesentliche Teile Oberitaliens sowie des heutigen Slowenien und Kroatiens angehörten.

„Säulenheiliger" Erzherzog Johann

Und vor allem ist es auch die Berufung auf Erzherzog Johann, die das steirische Selbstverständnis prägt, den Reformer der Steiermark, Bruder und Onkel des jeweiligen Kaisers, der sich in starkem Gegensatz zum Wiener Hof sah, wie auch seine Tagebuch-Eintragungen belegen: „Mir ist nur dann wohl, wenn ich über den Semmering gesetzt meine Berge wiedersehe, die reine Luft atme und mich, in den schönen Tälern und Gegenden, unter einem Volk befinde, welches zwar nicht den hochgepriesenen (nicht haltbaren) Firnis der großen Welt besitzt, aber redlich, offen, gut, herzlich – ist. (...) Wie irrig, wer glaubt, die Überlegenheit der Politik bestehe in der großen

Feinheit, im Betrug u. s. w. ... Nichts als Lärm, eitles Treiben, Zerstreuung, nichtig Streben, Genuss, Herzlosigkeit, Selbst- und Scheelsucht, niedrige Kniffe; da verlernet sich das Gute, da erstickt es in diesem Schlamme. Ein elendes nichtig Leben in dieser so genannten großen Welt."

Erzherzog Johann (1782–1859) wird als der „steirische Prinz" bezeichnet, obwohl er in Florenz geboren wurde, wo sein Vater, der spätere Kaiser Leopold II., Großherzog der Toskana war, und er eigentlich in Tirol sein Wirken entfalten wollte. Von dort musste Johann aber ob der Wirren der napoleonischen Kriege über Zwischenstationen in die Steiermark.

Erzherzog Johann initiierte die Vorläufer der Technischen Universität Graz und der Montanuniversität Leoben sowie der Landwirtschafts- und Wirtschaftskammer, gründete Sparkasse und Versicherungen, modernisierte Wirtschaft und Landwirtschaft und kämpfte für die Semmering-Scheitel-Strecke Carl Ritter von Ghegas. Das von ihm gegründete Landesmuseum heißt noch heute Joanneum, die Forschungsgesellschaft des Landes Joanneum Research und die Fachhochschulstudiengänge des Landes ebenfalls FH Joanneum. Erzherzog Johann, der auch im Revolutionsjahr 1848 den konstituierenden Nationalversammlungen Österreichs und des Deutschen Reichs vorstand, ist somit der Inbegriff des steirischen Reformers.

Es war kein Zufall, dass sich Krainer gegen Ende seiner Antrittsrede am 4. Juli 1980 auf diesen Säulenheiligen der steirischen Geschichte bezog – dessen Porträt er übrigens gleich als eine seiner ersten Amtshandlungen hinter seinen Schreibtisch hängte –, indem er ausführte: „Johanneischer Geist ist gefordert und dieser ist in unserem Land seit eineinhalb Jahrhunderten ein Schlüsselwort für die mutige und kluge Beantwortung neuer Herausforderungen geworden – es ist jener Geist, in dem unser steirischer Prinz Erzherzog Johann die Grundlagen der modernen Steiermark geschaffen hat. Wir wollen diese Haltung nicht nur im Sinne sentimentaler Traditionspflege sehen, sondern ihn als bleibende Verpflichtung verstehen, zukunftsorientiert, optimistisch, ideenreich und im europäischen Geist für unsere gemeinsame steirische Heimat zu handeln."

Auch nach 1945 waren die steirischen VP-Granden immer an vorderster Front, wenn es galt, nach Erneuerung in der österreichischen

Vordenker und Visionär seiner Zeit: Erzherzog Johann. Landeshauptmann Josef Krainer ließ sich von seinem Geist inspirieren.

Politik zu rufen und einen neuen VP-Obmann – oftmals gegen den Widerstand des alten – zu küren. Ein Höhepunkt war sicherlich 1960 die Gründung der „Neuen österreichischen Gesellschaft" u. a. durch Josef Krainer I, den Verleger Fritz Molden und den früheren Außenminister, den aus Tirol stammenden Karl Gruber. Es wurde das Unbehagen an der Erstarrung der seit 1945 regierenden Großen Koalition und auch an der Spätphase des Staatsvertragskanzlers Julius Raab artikuliert. Ein Erfolg war die Ablöse Raabs, zunächst durch den steirischen VP-Landesparteiobmann Alfons Gorbach in einer Übergangsphase und dann durch den „Reformer" Josef Klaus, der 1966 bei den Nationalratswahlen die absolute Mehrheit gewann, aber 1970 den Ballhausplatz – den Sitz des Bundeskanzleramtes in Wien – für 30 Jahre für die VP verlor, manche sagen „verspielte". Der bekannte österreichische Publizist Alexander Vodopivec veröffentlichte bald darauf den Bestseller *Der verspielte Ballhausplatz*.

Karl Gruber war, so wie andere, ohnehin der Meinung, Josef Krainer I hätte statt Gorbach und Klaus nach Wien gehen müssen, dann hätte die VP länger den Bundeskanzler gehalten. Doch Vater Krainer lehnte mit dem Hinweis „Wir Steirer haben für das glatte Wiener Parkett zu grob genähte Schuhe" ab, so wie es der Sohn später mehrfach tat. Gerd Bacher, Freund beider, kritisierte sie darob spöttisch immer wieder mit dem Begriff „Nestwärmepolitiker".

Was ist schöner, als Landeshauptmann zu sein?

Warum geht ein Landeshauptmann so ungern nach Wien? Der Salzburger Landeshauptmann Klaus war der einzige, der in die Bundespolitik wechselte. In einem Interview hat er einmal auf die Frage geantwortet, was er, der in der Kommunalpolitik, der Landespolitik und als Minister und Bundeskanzler in der Bundespolitik tätig war, am liebsten gewesen sei: „Landeshauptmann".

Tatsächlich zählt das Amt des Landeshauptmannes wahrscheinlich zu einem der schönsten und reizvollsten in der österreichischen Politik, denn einerseits genießt man durch die laufenden Termine im ganzen Land die dauernde Verbundenheit mit dem „einfachen Menschen" und die unmittelbare Rückkoppelung, während ein Bundespolitiker oft in einer Scheinwelt der Medien und Funktionäre mit gefilterter und destillierter Weitergabe der „Volksstimmung" leben muss, zum anderen hat ein Landeshauptmann, zumal eines so großen Bundeslandes wie der Steiermark, die Gelegenheit, aber auch die Verantwortung, auch in der Bundespolitik mitzuwirken. Der steirische Landeshauptmann kann als oberster Repräsentant eines jahrhundertelangen Grenzlandes und eines Landes, das einst die Residenz Innerösterreichs gewesen ist, darüber hinaus in der Nachbarschaftspolitik und der regionalen Außenpolitik (etwa ARGE

Guter und jahrelang gut gepflegter Draht zum Kanzler der deutschen Einheit, Helmut Kohl

Alpe-Adria) internationale Verantwortung wahrnehmen. Krainer II tat dies, gefördert auch durch seine Sprachgewandtheit (er spricht fließend englisch und italienisch), sehr gerne. Überdies besteht, wie Krainer immer wieder betonte, die Institution des „Landeshauptmannes" in der Steiermark bereits seit 1236.

Die Funktion des Landeshauptmannes gibt auch verfassungsrechtlich viel her, wie der langjährige Vizepräsident der österreichischen Verwaltungsgerichtshofes, Wolfgang Pesendorfer, in seinem Standardwerk *Der Landeshauptmann* (Springer Verlag 1986) ausführt: „Im Verbund mit den Funktionen Staatsoberhaupt, Regierungschef, Träger der mittelbaren Bundesverwaltung und Vorstand des Amtes der Landesregierung ergibt sich eine gleichrangige, neben der Landesregierung angesiedelte Funktionsfülle, die – aus rechtsvergleichender Sicht – dem Landeshauptmann im Staatswillensbildungsprozess der Länder deutlich mehr Einflussmöglichkeiten auf die Regierungsgeschäfte eröffnet als dem Bundeskanzler."

Dritte Republik – Schweizer Modell

Josef Krainer nahm mit seinem Team die Möglichkeit der bundesweiten Artikulation vor allem 1985 und 1986 intensiv wahr. Intellektuell untermauert wurde dies durch zahlreiche Diskussionsverstaltungen und den Sammelband *Nachdenken über Politik. Jenseits des Alltags und diesseits der Utopie*, in dem u. a. der frühere EU-Kommissionspräsident Gaston E. Thorn, der Philosoph Leszek Kolakowski und der enge Mitarbeiter des US-Außenministers Henry Kissinger, Helmut Sonnenfeldt, publizierten. In Wien wurde das Werk im Palais des Krainer-Freundes Karl Schwarzenberg präsentiert, dem der Landeshauptmann später den Kuratoriumsvorsitz des Landesmuseums Joanneum übertrug. Der Mitautor und bekannte deutsche Politologe Christian Graf von Krockow hielt dabei eine bedenkenswerte Rede von zeitloser Relevanz:

„Klugheit und Dummheit in der Politik: Macht: Sie macht dumm, weil sie das Lernen ersetzt. Der Mächtige muss sich nicht anpassen; er zwingt die anderen zur Anpassung. (...) Der Mächtige hört schlecht. Was er hört, sind die Stimmen der Schmeichler. Und die haben, um ihre Stellung am Thron zu halten, wiederum ein Interesse daran, Warner als Böswillige, als Feinde zu disqualifizieren. (...) Unwillkürlich hält der Mächtige sich für weiser, ja für besser als andere."

Anlässlich des 40-Jahr-Bestehens der Zweiten Republik ließ Krainer Vorschläge zur Verfassungs- und Politikreform vorlegen, die unter den Chiffren „Dritte Republik" (lange bevor Jörg Haider sich dieses Begriffs bemächtigte und diesen diskreditierte) und „Schweizer Modell" firmierten.

Die Stärkung des Bundespräsidenten, des Föderalismus und vor allem der Volksrechte – also wesentlich mehr Volksabstimmungen und Erleichterungen bei Volksbegehren – sowie der Möglichkeiten zur Bildung einer Konzentrationsregierung aus allen im Parlament vertretenen Parteien ab einer gewissen Mandatsstärke – analog zu den meisten Landesverfassungen und zum Gemeinderecht – standen im Mittelpunkt.

Wolfgang Mantl und Bernd Schilcher waren die wissenschaftlichen Hauptprotagonisten dieser Diskussion, die starkes bundeswei-

Machtvolle Anti-Draken-Demonstration am Grazer Hauptplatz

tes Echo fand, stießen die Steirer doch in bundespolitisches Vakuum vor: großes Unbehagen an der Kleinen Koalition, gleichzeitig aber auch Zweifel an der Kompetenz der VP-Bundespartei. Krainer wurde somit vielfach als Kopf des eigentlichen Widerlagers zur SP/FP-Bundesregierung registriert.

Der Anti-Drakenkampf beginnt

Diese Stimmung nützte Josef Krainer aber auch auf einer wesentlich spektakuläreren Ebene, nämlich als die Anschaffung von Abfangjägern anstand. Wie bei solchen teuren Vorgängen im militärischen Bereich auch im internationalen Vergleich üblich, war die Typenentscheidung umstritten, standen Korruptionsvorwürfe im Raum und wurde die Frage der Notwendigkeit und Sinnhaftigkeit im Allgemeinen gestellt.

Der der FPÖ angehörende Verteidigungsminister Friedhelm Frischenschlager war ursprünglich für eine britische Abfangjägertype, musste aber auf Druck des Koalitionspartners SPÖ den schwedischen Draken mit teilweise über 20 Jahre alten, generalüberholten Maschinen bestellen – die Draken galten als überaus lautes, veraltetes Gerät. Viele Experten hielten amerikanische Abfangjäger für die bestgeeigneten. Es war zu erwarten, dass die Steiermark mit den Flughäfen Zeltweg in der Obersteiermark und Graz-Thalerhof von der Stationierung hauptbetroffen sein würde. So stellte sich Josef Krainer an die Spitze einer Anti-Draken-Bewegung, die eine bunte Koalition vereinte. Denn bei allem grundsätzlichen Bekenntnis zur Luftraumüberwachung hatte er es offen gelassen, welche und wie viele Flugzeuge dazu benötigt würden. So versammelten sich generelle Abfangjäger-Gegner – unter ihnen einige, die später bei den Grünen politisch aktiv wurden, wie Peter Pilz –, Fans anderer Flugzeugtypen, besorgte Anrainer und Umweltschützer, aber auch Gegner der amtierenden Bundesregierung hinter Krainer. Die anderen steirischen Parteien taten sich – so wie bei der Verstaatlichten-Politik – schwer, eine andere Haltung als der Landeshauptmann einzunehmen, weil sie sonst Gefahr gelaufen wären, als Verräter steirischer Interessen zu gelten.

Rekordergebnis bei der Landtagswahl 1986

Höhepunkt der Kampagne war das Anti-Draken-Volksbegehren, das zwischen 3. und 10. März 1986 in der Steiermark stattfand. Es hat mit 244.254 Unterschriften die größte Unterstützung erhalten, die es je für ein Volksbegehren in der Steiermark gegeben hat. Im Frühsommer trat der glücklose Verteidigungsminister Frischenschlager zurück und wurde von Helmut Krünes abgelöst.

Krainer und die Steirische Volkspartei verspürten allgemeinen Aufwind für die Landtagswahlen am 21. September 1986 – die Jahre 1985/86 können rückblickend vielleicht als der innenpolitische Zenit Josef Krainers bezeichnet werden, in der Außen- bzw. Europapolitik sollte er noch folgen.

Die Landtagswahlen 1986 brachten Krainer und der Steirischen

Volkspartei mit 393.650 Stimmen die absolut höchste Stimmenanzahl, die die VP je bei einer Landtagswahl in der Steiermark von 1945 bis 2005 erzielte. Damit wurde das Niederl-Rekordstimmenergebnis von 1974 überboten. Prozentmäßig gab es einen Zuwachs von 0,86 Prozent auf 51,75, während die SPÖ mit Spitzenkandidat Hans Gross über 5 Prozent auf 37,64 Prozent absank und somit deutlich verlor. Hauptprofiteur waren die erstmals in den Landtag einziehenden Grünen, die auf 3,73 Prozent kamen.

In Mandaten ausgedrückt, bedeutete dies, dass die VP wieder 30 errang, während die SPÖ zwei verlor und auf 22 kam. Diese beiden Mandate gingen zu den Grünen. Die FPÖ konnte ihre zwei Landtagssitze halten. Dabei ging es bei FPÖ und Grünen denkbar knapp zu. 90 Stimmen retteten der FPÖ den Einzug in den Landtag, bei den Grünen waren es gar nur 39. Wenn beide Parteien „draußen" geblieben wären – das Wahlergebnis mit Wahlkarten stand erst am Montag um ca. 4 Uhr früh fest –, hätte es erstmals nur einen Zwei-Parteien-Landtag mit einem Mandatsverhältnis von 32:24 für die VP gegeben. Die eigentliche Überraschung war nicht der Einzug der Grünen in die Landstube, sondern dass es die FPÖ noch einmal geschafft hatte. Im Abwärtssog der FP-Bundesregierungsbeteiligung war die FPÖ auch am steirischen Umfragenradar kaum mehr erkennbar – aber eine Woche vor der Landtagswahl wurde Jörg Haider auf einem turbulenten Parteitag in Innsbruck als neuer FP-Führer auf den Schild gehoben. Die ersten zarten Vorzeichen des Erstarkens der FPÖ in den nächsten eineinhalb Jahrzehnten wurden damit in der Steiermark sichtbar.

Der außenpolitische Zenit (1986–1991)

Große Koalition auf Bundesebene wiederbelebt

Der eigentliche FPÖ-Siegeszug begann zwei Monate später bei den Nationalratswahlen am 23. November 1986, die vorzeitig stattfanden, weil SP-Bundeskanzler Franz Vranitzky aufgrund der Haider-Kür die Kleine Koalition aufgekündigt hatte. Vranitzky hatte im Juni 1986 das Bundeskanzler-Amt übernommen, da Sinowatz zurückgetreten war, als der VP-Kandidat Kurt Waldheim statt des SP-Kandidaten Kurt Steyrer – und damit erstmals seit 1945 ein „Schwarzer" – zum Bundespräsidenten gewählt worden war. Vranitzky konnte schnell einen Sympathiebonus aufbauen und rechnete sich aus, dass durch rasche Wahlen der SP die Nationalrats-Mehrheit zu sichern wäre. Das gelang auch tatsächlich – trotz Verlusten von über vier Prozent blieb die SP mit 43,12 Prozent vor der Mock-VP (41,29 Prozent), weil Haider mit seinem demagogischen Anti-Privilegien-Kurs den FP-Stimmenanteil auf knapp 10 Prozent nahezu verdoppeln konnte und die Grünen mit knapp 5 Prozent erstmals den Einzug in den Nationalrat schafften.

Es gab nach der Nationalratswahl vor allem auch durch Josef Krainer die Bemühung, den gesundheitlich angeschlagen wirkenden Alois Mock – es machten sich die ersten Anzeichen der Parkinson-Krankheit bemerkbar – zum Rückzug vom VP-Spitzenamt in das repräsentative Nationalratspräsidium zu überreden. Mock aber stellte alle gesundheitlichen Probleme in Abrede, wollte bleiben und präferierte eine Kleine Koalition mit der Haider-Partei. Der VP-Bundesvorstand hingegen votierte mit deutlicher Mehrheit – auch mit steirischer Mitwirkung – für eine Große Koalition, die im Jänner 1987 gebildet wurde. Der Steirer Josef Riegler wurde Landwirtschaftsminister und bald auch der laut Umfragen populärste VP-Bundespolitiker. In der Steiermark ersetzte ihn Josef Krainer durch Hermann Schaller als Landesrat, der ebenfalls ein ehemaliger Generalsekretär der Katholischen Aktion war.

TAGESPOST-Einstellung – eine bittere Maßnahme

Eine bittere Entscheidung musste in den ersten Monaten des Jahres 1987 getroffen werden. Die traditionsreiche „Süd-Ost-Tagespost", die unter dem exzellenten Blattmacher und Chefredakteur Gerfried Sperl beachtliche, weit über eine Parteizeitung hinausreichende Statur gewonnen hatte und so – trotz allerlei Ärgers von Parteifunktionären – gut zum Image einer reformfreudigen und offenen Steirischen Volkspartei passte, musste eingestellt werden. Viel wurde in diese Maßnahme hineingeheimnist, nämlich dass Sperl und die Zeitung in der Grazer Burg in Ungnade gefallen seien, weil angeblich zu wenig Hofberichterstattung betrieben worden sei. Tatsache ist, dass die Zeitung für das Landesbudget schlicht zu teuer geworden war. Die „Tagespost" und das SPÖ-Organ „Neue Zeit" wurden zu gleichen Teilen aus dem Landesbudget bedient und in den 1980er Jahren gemeinsam mit mehreren hundert Millionen Schilling alimentiert. Was den Zeitpunkt der Einstellung betrifft, so wurde bewusst ein Datum unmittelbar nach Landtags- und Nationalratswahlen und weit weg vom nächsten steirischen Wahltermin gewählt. Die „Tagespost"-Einstellung hatte den Effekt, dass die „Kleine Zeitung", die sich seit Markteintritt der Steiermark-Ausgabe der „Kronen-Zeitung" 1972 mit dieser ein Kopf-an-Kopf-Rennen und eine permanente Schlacht am steirischen Medienmarkt geliefert hatte, seither wieder die deutliche Nummer 1 bei den steirischen Lesern ist. Während die SPÖ-nahe „Neue Zeit" vor allem durch das unerschrockene Engagement des Chefredakteur-Teams Josef Riedler und Helmut Griess noch mehr als ein Jahrzehnt weitererschien, zeigte die Einstellung der „Süd-Ost-Tagespost" auch die generell wenig glückliche Hand der VP in Medienangelegenheiten und war zugleich ein Vorbote einer ganzen Reihe von Parteizeitungsschließungen in den Folgejahren – von der Kärntner „Volkszeitung" bis zur „Arbeiterzeitung".

Alle Draken in die Steiermark

Ansonsten gab es das steirische Bemühen, von der Großen Koalition und speziell vom neuen VP-Verteidigungsminister Robert Lichal,

Bayern und Steirer eint der Sinn für Eigenständigkeit: Zahlreiche Begegnungen ergaben sich mit dem legendären CSU-Chef und bayerischen Ministerpräsidenten Franz Josef Strauß.

der niederösterreichischer ÖAAB-Landesobmann und Beamtengewerkschafter war, ein Abrücken von der Draken-Ankaufsentscheidung zu erreichen. Es kam zu dramatischen Szenen: Als Lichal einmal Krainer in der Grazer Burg aufsuchte, musste er heimlich durch einen Hintereingang, weil Demonstranten den Haupteingang versperrten. Nachdem Lichal deutlich machte, auf dem Draken zu beharren, gab es erstmals in der Geschichte der Zweiten Republik einen parlamentarischen Misstrauensantrag von steirischen VP-Abgeordneten gegen einen VP-Minister, gestellt von Paul Burgstaller, der allerdings kaum Unterstützung fand.

Eine steirische CSU?

Oft war in den Jahren 1987 und 1988 vom CDU/CSU-Modell die Rede, also davon, dass die Steirische Volkspartei sich selbstständig macht und eine Fraktionsgemeinschaft mit der ÖVP der anderen acht Bundesländer bildet. Die bewusst seit Jahren forcierte Bezeichnung „Steirische Volkspartei" statt „ÖVP Steiermark" sollte diese Eigenständigkeit schon seit langem unterstreichen. Auch juridische Vorarbeiten für eine eigene Parteigründung waren bereits im Gange. Dies hatte neben der Draken-Auseinandersetzung auch den realpolitischen Hintergrund, dass die VP bei den Landtagswahlen nach Bildung der Großen Koalition massiv verlor – Wien 1987 minus sechs Prozent, Niederösterreich 1988 minus sieben Prozent –, während die FPÖ stark zulegte. Ähnliches wurde auch für die nächsten steirischen Landtagswahlen befürchtet.

Im Juni 1988 landeten trotz aller steirischen Proteste und Widerstände die ersten Draken in der Steiermark – was weithin als Niederlage von Josef Krainer interpretiert wurde, der oft das Mantra „Kein Draken in die Steiermark" formuliert hatte. Dass Lichal gleich alle 24 Draken in der Steiermark und in keinem anderen Bundesland stationieren wollte, provozierte die VP-Steirer weiter.

1989: Der Steirer Josef Riegler wird VP-Bundesparteiobmann

Die für die VP katastrophalen Ergebnisse der Landtagswahlen in Kärnten, Tirol und Salzburg, die alle am 12. März 1989 stattgefunden hatten, boten den Anlass zu entschiedenem steirischem Vorgehen. In Kärnten war die VP erstmals auf den dritten Platz abgerutscht, Haider hatte Rang zwei errungen und die SP die absolute Mehrheit verloren, sodass Haider mit VP-Hilfe die SP vom Landeshauptmann-Sessel stieß. In Salzburg verlor VP-Landeshauptmann Wilfried Haslauer die absolute Mehrheit und trat zurück und in Tirol gab es einen politischen Erdrutsch: Die VP verlor 15,9 Prozent auf 48,7 Prozent – von der bequemen Zweidrittelmandatsmajorität im Landtag zu einer knappen Mehrheit.

Die Analyse der Steirer, aber darüber hinaus vieler war klar: Mit Alois Mock war bundesweit keine Wahl zu gewinnen, die Große Koalition bescherte herbe Stimmenverluste und Wahlniederlagen auf allen Ebenen, es müssen neue Koalitionsoptionen geöffnet werden und ein neues Führungsteam der Bundespartei muss her. Nur so könnten auch die „Flügelkämpfe" zwischen niederösterreichischen „Stahlhelmen" mit Mock, Lichal und Ludwig (niederösterrei-

Zum 10-Jahres-Jubiläum als Landeshauptmann das Programm für die 1990er Jahre präsentiert – mit Erhard Busek und Josef Riegler

chischer Landeshauptmann, ebenfalls ÖAAB-Angehöriger, CV-Mitglied und Beamtengewerkschafter) und Vertretern eines liberaleren Kurses, dessen Hauptexponent neben den Steirern der enge Krainer-Freund Erhard Busek war, früherer ÖVP-Generalsekretär und Wiener Landesparteiobmann. Busek hatte in den 1970er Jahren die Wiener Stadtpolitik „aufgemischt" und für die VP den Vizebürgermeister erobert, worauf er als Spitzenkandidat bei den Gemeinderatswahlen 1978 und 1983 deutlich dazugewann.

KHG versus CV? – Ein Brückenschlag

Die innerparteilichen Kontrahenten waren alle katholisch sozialisiert. Mock, Lichal, Ludwig und die Mehrheit der bisherigen Bundesparteispitze waren alle Mitglieder der farbentragenden Studentenverbindungen des Katholischen Österreichischen Cartellverbandes (ÖCV, aus dem auch alle VP-Bundeskanzler von 1945 bis 1970 und die meisten VP-Minister und Landeshauptleute hervorgegangen waren), nur die VP-Steirer und Busek tickten anders. Sie waren in ihrer Jugend- und Studentenzeit in der Katholischen Hochschuljugend (bzw. -Gemeinde) Österreichs (KHJÖ bzw. KHG) und in Organisationen der Katholischen Aktion engagiert gewesen, die sich einem weltoffenen Katholizismus verschrieben hatten. Der legendäre Monsignore Otto Mauer, der mit seiner Wiener Galerie nächst St. Stephan den heutigen Stars der modernen bildenden Kunst Österreichs von Arnulf Rainer über Josef Mikl, Wolfgang Hollegha bis Maria Lassnig die Bahn brach, sowie Prälat Karl Strobl und Egon Kapellari, der spätere Bischof von Klagenfurt-Gurk und danach Graz-Seckau, waren die profiliertesten Hochschulseelsorger dieser Gruppe, die insbesondere auch Kardinal Franz König sehr nahe stand.

Krainer hatte immer wieder versucht, die scheinbaren Gräben zwischen CV und KHG, die sich besonders in den 1950er und 1960er Jahren aufgetan hatten, zu überwinden. So kam es am Samstag, dem 15. Dezember 1984 zur Verleihung des Ehrenbandes der ältesten österreichischen ÖCV-Verbindung, der 1864 gegründeten Austria-Innsbruck, an Josef Krainer. In seiner Dankesrede prägte Krainer die Basisformel dieses Friedensschlusses: „Wir dürfen uns auch nicht in unsere Schneckenhäuser und Sakristeien zurückziehen, wir dürfen keine intellektuellen Verweigerer der neuen Herausforderungen, die uns die Zeit stellt, sein, sondern müssen offen christliches Zeugnis ablegen und neue Brücken schlagen. Als einen solchen Brückenschlag betrachte ich es auch, dass ihr einem ehemaligen Primus (Vorsitzender – Anmerkung des Autors) der KHJÖ das Ehrenband der „AUSTRIA" verliehen habt."

1989 ging es um den politischen Brückenschlag innerhalb der ÖVP. Nach allerlei Geplänkel wurde der Steirer und KHG-ler Josef Riegler auch von Alois Mock als sein Nachfolger als VP-Bundesobmann und Vizekanzler akzeptiert. Man muss zu Rieglers Ehre festhalten, dass er sich um diese Funktion wahrlich nicht beworben, sie jedoch vor allem aus Pflichtbewusstsein und im Sinne der Einigung der verschiedenen Flügel übernommen hatte. Generalsekretär blieb der Oberösterreicher und CV-er Helmut Kukacka, der auch dem Reformerflügel zugezählt wurde. Neu in die Bundesregierung zogen auf VP-Seite Erhard Busek, der Wirtschaftsbund-Generalsekretär und KHG-ler Wolfgang Schüssel – ebenfalls ein langjähriger Krainer- und Busek-Vertrauter – und der Tiroler Bauernkammerdirektor und KHG-ler Franz Fischler ein. Robert Lichal wurde ein Jahr später Zweiter Nationalratspräsident und machte seinem niederösterreichischen Landsmann Werner Fasslabend im Verteidigungsministerium Platz. Alois Mock wurde VP-Ehrenobmann und konzentrierte sich auf das Außenministerium, was ihm im Zuge des EU-Beitritts Österreichs und des Eintretens für Unabhängigkeit und Demokratie in den Nachfolgestaaten Jugoslawiens eine zweite politische Blüte einbrachte.

Höhere Weihen für Hirschmann und Klasnic

In der Steiermark stellte Josef Krainer mittlerweile personelle Weichen für die Landespolitik: 1988 berief er Waltraud Klasnic zum ersten weiblichen VP-Landesregierungsmitglied in der Steiermark, 1989 präsentierte er Gerhard Hirschmann, der sich zunächst als Geschäftsführer des „Modells Steiermark", dann ab 1982 in der Funktion des VP-Landesparteisekretärs als Organisator, intellektueller Stratege und Speerspitze der politischen Attacken sowohl dem politischen Mitbewerber als auch dem Wiener VP-Establishment gegenüber einen Namen gemacht hatte, als geschäftsführenden Landesparteiobmann und Landtagsklubobmann. Viele sahen darin eine Art Designierung zum potenziellen Nachfolger, zumal der Landeshauptmann einmal Hirschmann als „meinen politischen Sohn" bezeichnete. Als Landtagsklubobmann folgte Hirschmann Bernd Schilcher nach, der von 1989 bis 1996 als Landesschulratspräsident starke bildungspolitische Reform-Ambitionen zeigte. Landesparteisekretär wurde bei dieser Gelegenheit Candidus Cortolezis, der Zustellungsbevollmächtigte des Anti-Draken-Volksbegehrens. Hirschmann war aufgrund seiner Aufgabenstellung und seines Temperaments ein stark polarisierender Politiker. Dennoch gelang es Krainer, ihn der Parteibasis schmackhaft zu machen.

Beim Landesparteitag am 15. und 16. September 1989 erhielten Hirschmann als geschäftsführender Obmann 95,61 Prozent und Krainer als Parteichef 97,86 Prozent. Zuvor hatten beide auch alle

Ein Fixpunkt im alljährlichen Sommerurlaub in Südtirol: Das Ehepaar Krainer zu Besuch beim Ehepaar Magnago.

Gedankenaustausch in Washington mit Thomas Klestil und Kurt Waldheim, zwei österreichische Spitzendiplomaten, die später Bundespräsidenten wurden

Das erfolgreiche Krainer-Team 1985: Landesrat Josef Riegler, Landtagspräsident Franz Wegart, 3. Landtagspräsidentin Waltraud Klasnic, Landeshauptmann Josef Krainer, Landeshauptmannstellvertreter Kurt Jungwirth, Landesrat Helmut Heidinger, Landesrat Franz Hasiba und Klubobmann Bernd Schilcher

Krainer traf mit Papst Johannes Paul II. mehrfach in Rom und Österreich zusammen: Hier 1988 mit den Bischöfen Johann Weber und Egon Kapellari

rhetorischen Register gezogen. Krainer galt ohnehin als einer der mitreißendsten und effektvollsten Redner in der österreichischen Politik, meist weitausholend, mit hoher Modulationsfähigkeit – von pianissimo bis forte, einmal donnernd, dann wieder leise, nachdenklich und eindringlich, oft zum Gaudium des Publikums das Manuskript mit großer Geste weglegend, scheinbar frei sprechend und dennoch wohlvorbereitet. Hirschmann wiederum stellte dem Parteitag vor seiner Wahl in Aussicht, dass er sich in etwa zehn Jahren aus der Politik zurückziehen wolle – etwa in die Entwicklungshilfe, der er sich als Exponent der KHG und als früherer Leiter des Afro-Asiatischen Instituts sehr verbunden fühle.

Die Bandscheibenoperation

Im Herbst 1989 musste sich der Landeshauptmann einer Bandscheibenoperation unterziehen. Er hatte schon mindestens ein Jahrzehnt an Wirbelsäulenproblemen laboriert und sich oft in die Hände eines Chiropraktikers begeben müssen. Dies unternahm er mit eiserner Disziplin und großer Diskretion, sodass mit Ausnahme seiner engsten Umgebung kaum jemand etwas von den teilweise unerträglichen Schmerzen bemerkte, die ihn hin und wieder peinigten.

Die Operation am Grazer Universitätsklinikum gelang und Krainer fühlte sich bald geheilt – wesentlich zum Gesundungsprozess trugen auch seine mentale Einstellung und seine Bereitschaft bei, 20 Kilo abzunehmen und jeden Tag in der Früh konsequent eine Stunde am Hometrainer zu arbeiten sowie gymnastische Übungen zu betreiben.

Die wochenlange Absenz des Landeshauptmannes – er begab sich nach der Operation zur Kur nach Zypern – und vor allem der Gewichtsverlust, der auch im Gesicht Spuren hinterlassen hatte, nährten die Gerüchteküche: Krainer sei in Wahrheit wesentlich ernster erkrankt und werde möglicherweise nicht mehr in sein Amt zurückkehren.

Ein neuer SP-Widersacher kommt –
Das Duell der Söhne beginnt

Dieses Gerücht streuten wohl vor allem auch SP-nahe Kreise aus, hatte doch der SPÖ-Landesparteitag im Herbst 1989, bei dem sich Hans Gross nochmals als Landesparteichef und Spitzenkandidat für die Landtagswahl 1991 zementieren lassen wollte, mit einem Fiasko geendet. Gross wurde nur mit so knapper Mehrheit wiedergewählt, dass er auf die Funktion verzichtete. Das war wohl eine Spätfolge der Wahlniederlage von 1986 und eine Konsequenz der verheerenden Diskussion um den Kapfenberger „Betriebskaiser" Alois Rechberger, der als Ämter-Multi und Arbeiterkammerpräsident mehr kassierte als der Bundeskanzler. Überhaupt hatte Jörg Haider einen wahren „Privilegienstadl" aufgedeckt. Hans Gross hatte sich zu wenig von Rechberger distanziert. Nach dem Gross-Rückzieher wollte die Partei zunächst den beliebten Grazer Bürgermeister Alfred Stingl zum Landesvorsitzenden bestellen, dieser lehnte jedoch ab und brachte den Grazer Stadtwerke-Generaldirektor, Universitätsprofessor Peter Schachner-Blazizek, ins Spiel, der bereits seit Jahren als SP-Hoffnungsträger galt. Schachner, von dem man sich einen ähnlichen Appeal wie vom damals erfolgreichen Bundeskanzler und früheren Bankdirektor Vranitzky versprach, übernahm den SP-Vorsitz und sparte nicht mit starken Ansagen. Er wolle das Werk seines Vaters Alfred vollenden, der SP-Spitzenmann und Landeshauptmann-Stellvertreter bei Landeshauptmann Krainer I war und bei den Landtagswahlen 1965 und 1970, die er als Spitzenkandidat schlug, für die SPÖ Stimmengewinne verzeichnete. Peter Schachner stellte also beim „Duell der Söhne" zunächst den Anspruch, Landeshauptmann zu werden. Medial bekam er anfangs auch Sukkurs.

Krainer startet zu seinem 60er noch einmal voll durch

Aber es war nicht so einfach, wie proklamiert, Josef Krainer zu bezwingen. Die Steirische Volkspartei startete mit dem wiedergenesenen Landeshauptmann 1990 noch einmal voll durch. Zunächst wurde – auch als Antwort auf die Rechberger-Syndrome in der öster-

Josef Krainer mit dem Friedensnobelpreisträger, deutschen Altkanzler und Sozialistische-Internationale-Vorsitzenden Willy Brandt und dem Grazer Bürgermeister Alfred Stingl

reichischen Politik – ein Ämter-Entflechtungsmodell entwickelt, das in der Steirischen Volkspartei rigid durchgezogen wurde. Spitzenfunktionen in Interessensvertretungen – Kammern, Sozialversicherungen und Gewerkschaften – sollten mit einem politischen Mandat in einer gesetzgebenden Körperschaft unvereinbar sein. Österreichweit brachte dies damals den VP-Steirern viel Schelte ein, weil natürlich viele einflussreiche Ämter-Multis betroffen waren, aber spätestens seit den Diskussionen um die Gewerkschaften und Sozialversicherungsträger nach 2000 wird das Thema anders gesehen. Und die Steiermark hatte wieder Beispielswirkung: Seit mehreren Jahren sitzen weder der Wirtschaftskammer- noch der Bauernkammerpräsident für die VP im Nationalrat, obwohl dies jahrzehntelang eine „Naturgesetz" zu sein schien.

Und für den 60. Geburtstag Krainers, der gleichzeitig sein 10-jähriges Amtsjubiläum als Landeshauptmann markierte, war Beachtliches vorbereitet.

Es wurde das Modell Steiermark für die 1990er Jahre präsentiert – erarbeitet wiederum im Modus der bisherigen Schritte dieses Langzeitprogrammes – und somit dokumentiert, dass Krainer und sein Team Konzept und Willen zur weiteren politischen Gestaltung des Bundeslandes hatten. Die Vorstellung des Modells erfolgte einen Tag nach dem 10-Jahr-Jubiläum seiner erstmaligen Wahl zum Landeshauptmann. Erhard Busek sprach über „politische Innovation als Prinzip", fungierte gleichzeitig als Laudator für Krainer und hob vielerlei Verbindungen hervor: „Es verbindet – und das nicht nur uns – eine Verehrung für ‚konservative Revolutionäre' wie Hanns Koren einer war, die das Revolutionäre von ‚conservare' erkannt haben und es durch ‚renovatio' und ‚innovatio' zu erreichen versuchten. Wahrscheinlich verbindet uns auch eine gewisse Liebe zum Konflikt, zum Zusammenstreiten im mehrfachen Wortsinn – und vieles mehr. (…) Das ‚wilde Bergvolk hinter dem Semmering' ist nicht zuletzt dann, wenn es seinem Ruf gerecht wurde, ein Muster. Mit hartem Aufschlag, kämpferisch, konditionsstark und einfallsreich. Es hat mehrfach demonstriert, wie Innovation in der Politik (und das ist das Hauptthema meiner vor euch ausgebreiteten Überlegungen) funktionieren kann, und zeigt auch – durch Geisteshaltung und Programmatik –, wie der Boden bearbeitet werden muss, damit Neues auf solidem Grund wachsen kann."

Im September 1990 wurde in einem Festzelt im weststeirischen Gasselsdorf – der Ortschaft, in der die elterliche Ziegelei Krainers stand und in der er im Zweiten Weltkrieg aufgewachsen war, wo er regelmäßige Sprechtage abhielt und wo einer seiner jüngeren Brüder immer noch lebte – mit Tausenden Freunden der runde Geburtstag gefeiert. Zahlreiche prominente Weggefährten – von Arnold Schwarzenegger, dessen Beistand Krainer bei der Eheschließung mit Maria Shriver aus dem Kennedy-Clan war, bis zum Südtiroler Polit-Denkmal und Langzeit-Landeshauptmann Silvius Magnago – waren gekommen. Zu Südtirol hatte Krainer eine besondere Verbindung, war doch Völs am Schlern sein alljährlicher Sommerurlaubsort, den er zu regelmäßigen Kontakten mit Magnago, dessen Nachfolger Luis Durnwalder und anderen Spitzenexponenten der Südtiroler Volkspartei nützte.

Die Südtirol-Connection

Denn es gab über das Private hinausgehend wohl mindestens noch zwei Komponenten, die Krainers Südtirol-Sympathie stärkten: Zum einen gehörte bekanntlich des steirischen Prinzen Erzherzog Johann, den der Landeshauptmann oftmals als Vorbild für Problembewältigung beschwor, frühe Liebe Tirol, ehe er sich in der Steiermark notgedrungen niederließ. Sein Mausoleum steht in Schenna ob Meran, wohin Johann – wie testamentarisch verfügt – nach seinem Tod in Graz überführt wurde. Es ist heute eine vor allem von Steirern gern aufgesuchte „Wallfahrtsstätte" in Südtirol. Das andere war wohl das nationale Element – der beeindruckende und erfolgreiche Selbstbehauptungskampf der vitalen deutschsprachigen Volksgruppe, der gerade in der Steiermark mit großer Sympathie betrachtet wurde, denn die Steiermark hatte – so wie Tirol 1918 – ein ähnliches Schicksal durch erzwungene Gebietsabtretungen erlitten. Durch die Grenzziehungen nach dem Ersten Weltkrieg verloren Tirol seine Landeseinheit und die Steiermark ein Drittel ihrer Landesfläche mit den mehrheitlich deutschsprachigen Städten wie Marburg, Pettau und Cilli, deren deutschsprachige Bevölkerung nach dem Zweiten Weltkrieg 1945 von den Tito-Kommunisten vertrieben wurde und sich meist in der Steiermark ansiedelte – eine auch politisch interessante, wichtige Bevölkerungsgruppe. So war es kein Zufall, dass sowohl Krainer I als auch Krainer II Magnago oft zu Vorträgen in die Steiermark einluden.

Seitens der Steirischen Volkspartei überbrachte Landtagspräsident Franz Wegart – Urgestein der steirischen Politik – die Glückwünsche zum Geburtstag. Dies war auch deshalb bemerkenswert, weil das Verhältnis Krainer-Wegart nicht immer frei von Spannungen gewesen war.

Wegart war bereits 1945 VP-Sekretär in seinem Heimatbezirk Radkersburg geworden und war dann bis 1961 Landesparteisekretär. Er organisierte mehrere erfolgreiche Wahlkämpfe des Landeshauptmannes Josef Krainer I und war gleichzeitig enger Mitarbeiter des Landesparteiobmannes von 1946 bis 1965, Alfons Gorbach, dessen politischer Aktionsradius nicht die Landes-, sondern die Bundespolitik war. Schon in dieser geteilten Aufgabenstellung und später als Mitglied der Landesregierung und als ÖAAB-Landesobmann ergaben sich Auffassungsunterschiede mit Vater und Sohn Krainer. Sicherlich wird auch mitgespielt haben, dass Krainer I nicht ihn, den Politprofi, sondern Friedrich Niederl als Landeshauptmann-Nachfolger favorisierte. Als Krainer II Ende 1982 das Tourismusressort, das Wegart zwei Jahrzehnte mit Hingabe betreut hatte, dem Wirtschaftslandesrat Hans Georg Fuchs zuordnete, war das Verhältnis besonders belastet. Seit Wegart aber 1985 seine politische Laufbahn als Landtagspräsident in der Nachfolge Franz Feldgrills, ebenfalls ein enger Krainer-Freund und Gatte der späteren Ministerin und Grazer Vizebürgermeisterin Ruth Feldgrill-Zankel, und damit in den Fußstapfen Hanns Korens krönte, wurde das Verhältnis zunehmend besser. Wegart wuchs in die Rolle des „elder statesman", der in Parteisitzungen das ultimative und affirmative Wort für die Pläne des Landeshauptmannes sprach.

Krainer-Haider: Die FPÖ-Option – keine Ausgrenzung!

Während also Magnago, Schwarzenegger, Oberösterreichs Landeshauptmann Josef Ratzenböck, der mit Krainer oft im Gleichklang für die verstaatlichte Industrie kämpfte, und Wegart geladene Gäste beim Gasselsdorfer Fest waren, kam ein anderer uneingeladen, wenn auch nicht gänzlich unerwartet: Der seit 1989 im Nachbarbundesland Kärnten amtierende Landeshauptmann Jörg Haider, der Krainer mit einer Männergesangsrunde und dem Lied *I haon di so gern* die Reverenz erwies. Der Besuch war weniger Sympathiebekundung – das war er auch – als politische Demonstration: Damals war es in der österreichischen Innenpolitik „in", Haider „auszugrenzen" und die Zusammenarbeit mit ihm als politisch inkorrekt darzustellen. Das führte dazu, dass es einerseits mangels politischer Alternativen zu einer „Pragmatisierung der großen Koalition" und andererseits zu einem gewaltigen Wählerzuwachs für Haider kam, der quasi alle Protestwähler vereinnahmen konnte. Die wenige Wochen nach dem Krainer-Fest abgehaltenen Nationalratswahlen vom 7. Oktober 1990 mit dem VP-Spitzenkandidaten Riegler zeigten dies nachdrücklich:

Aus Überzeugung argumentierte Josef Krainer stets gegen eine "Ausgrenzung" Jörg Haiders.

Die VP verlor 9,23 Prozent auf 32,06 Prozent, die Haider-Partei konnte von 9,73 auf 16,63 Prozent zulegen. Trotzdem wurde die Große Koalition unter Vranitzky fortgesetzt, dessen SP nur marginale Verluste verzeichnete.

Krainer, Hirschmann und die führenden Köpfe der Steirischen Volkspartei dachten aber spätestens seit dem denkwürdigen Landtagswahl-Sonntag vom März 1989 anders: Die VP muss die Kooperationsoption mit der FPÖ offen halten und so erreichen, wieder den Bundeskanzler zu stellen, weil sich sonst der Erosionsprozess der Partei weiter fortsetzt. Die Steirer hatten hierbei auch eine gewisse Tradition: Als Josef Krainer I zwischen 1949 und 1957 ohne absolute Mehrheit in Landtag und Landesregierung agieren musste, suchte er ganz selbstverständlich die Kooperation mit dem FP-Vorläufer VdU (Verband der Unabhängigen – eigentlich als Sammelbecken ehemaliger Nationalsozialisten gegründet). Josef Krainer II zimmerte für Friedrich Niederl 1972/73 – als man wahrlich noch nicht dessen Wahlerfolge absehen konnte und es galt, der VP den

Landeshauptmann auch bei schlechtem Wahlausgang abzusichern – die Achse zum damaligen steirischen FP-Obmann und Grazer Vizebürgermeister Alexander Götz. Als bei den Grazer Gemeinderatswahlen 1973 die absolute Mehrheit der SPÖ gebrochen werden konnte, kam erstmals seit 1945 ein Nicht-Sozialdemokrat auf den Bürgermeister-Sessel: Es war nicht der neue Spitzenkandidat und Krainer-Vertraute Franz Hasiba, dessen VP ebenfalls Zuwächse verzeichnete, sondern der Chef der drittstärksten Partei, der FPÖ, Alexander Götz, der freilich auch beachtliche Zugewinne vorwies. Das Signal an die Götz-FPÖ-Wähler war klar: Dafür muss Friedrich Niederl auch nach den nächsten Landtagswahlen Landeshauptmann bleiben. Die Grazer Götz-Hasiba-Kooperation wurde auch nach den Grazer Gemeinderatswahlen 1978 fortgesetzt – der erfolgreiche FP-Bürgermeister wurde sogar FPÖ-Bundesparteiobmann, was neue Optionen eröffnete. Wenn es das Wahlergebnis zuließe, könnte man eine VP/FP-Kooperation auf Bundesebene nach den Nationalratswahlen 1979 und die Beendigung der Ära Kreisky andenken, hieß es. Die SPÖ plakatierte „Taus/Götz – nein danke", Kreisky baute seine absolute Mehrheit aus und Götz gewann auf Kosten der Taus-ÖVP ein wenig hinzu. Einige Monate später wurde Götz als FPÖ-Bundesparteiobmann durch Norbert Steger abgelöst, der wieder eine SP-nahe Strategie verfolgte. Und in Graz verlor Götz zwar bei der Gemeinderatswahl 1983, stattete aber insofern seinen Dank ab, als er durch seine Unterstützung Franz Hasiba zwischen 1983 und 1985 zu einer Teilzeitbürgermeisterschaft mit dem SP-Spitzenmann Alfred Stingl als Nachfolger in Graz verhalf. „Hasibingl" hieß diese Teilung der Amtsperiode im Volksmund. Hasiba war damit der erste Grazer VP-Bürgermeister seit 1945, ehe er von Josef Krainer 1985 in die Landesregierung berufen wurde.

Das Stainzer Symposium

Der eigentliche Höhepunkt der Krainer-Geburtstagsfeiern fand Mitte September 1990 im Schloss Stainz statt, einem der steirischen Ansitze von Erzherzog Johann – er war auch der erste freigewählte Bürgermeister dieser weststeirischen Marktgemeinde. Das Schloss

Gerd Bacher, guter Freund seit vielen Jahren, hielt die Laudatio zu Josef Krainers 60er.

befindet sich heute noch im Besitz der Nachfahren des Erzherzogs. Nikolaus Harnoncourt – ebenfalls ein Ur-Urenkel des steirischen Prinzen – dirigiert in der Schlosskirche alljährlich im Rahmen des um ihn aufgebauten Musikfestivals „styriarte", das von Josef Krainer gemeinsam mit dem damaligen VP-Kulturlandesrat und direkten Koren-Nachfolger Kurt Jungwirth Mitte der 1980er Jahre aus der Taufe gehoben worden ist.

Das Geburtstags-Symposium in Stainz verdeutlichte die weit gespannten intellektuellen und vor allem internationalen Interessen des Landeshauptmannes und sein weit greifendes „Netzwerk" in imponierender Weise.

Rudolf Stamm bemerkte darüber in der „Neuen Zürcher Zeitung" am 21.September 1990: „Die Steirer, jene für ihren freundlichen und freundschaftlichen Eigensinn bekannte Million Menschen zwischen Semmering und jugoslawischer Grenze, verstehen nicht nur das Feiern, sondern auch das Schenken. Ihrem geliebten Landesvater Josef Krainer schenkten sie zum 60.Geburtstag nicht einfach das Beste aus Küche und Keller oder irgendeine hohe Auszeichnung, sondern sie beehrten ihn mit einem dreitägigen Symposium, von dem zwar die Gaben der Natur und des Bodens nicht ausgeschlossen waren, das jedoch in erster Linie dazu bestimmt blieb, den Geist für neue Leistungen in Schwung zu halten."

Gerd Bacher, der legendäre ORF-Generalintendant, Karl Schwarzenberg, der Freund, der schon bei der erstmaligen Wahl Krainers zum Landeshauptmann in der Landstube dabei war und 1990 Kanzler des (damals) tschechoslowakischen Staatschefs Vaclav Havel war, und Josef Taus fungierten als Herausgeber einer über 900 Seiten umfassenden Festschrift *Standort Österreich. Über Kultur, Wirtschaft und Politik im Wandel.* Die Creme der österreichischen Intellektuellen schrieb hierfür Beiträge, aber auch Edward Kennedy, den Krainer bei der Schwarzenegger-Hochzeit 1986 kennen gelernt hatte, und Jacques Santer, der luxemburgische EU-Kommissionspräsident, der im Laufe der Jahre oft Krainers Gast in der Steiermark gewesen war.

Bacher unternahm unter dem Titel *Der Mann des Denkanstoßes* den „Versuch einer Charakterisierung des Josef Krainer", die sich u. a. so liest: „Die Fundamente des Josef Krainer sind offenkundig." (Bacher nennt die Familie, das Christliche, die Intellektualität, das Steirische – Anmerkung des Autors) „Was macht seine Besonderheit aus, macht ihn zu den wenigen erheblichen Politikern, die die Zweite Republik nach dem Abtritt jener kennt, die noch aus der Ersten oder gar noch aus der Monarchie herüberreichten? Da ist sicher einmal dieses seltene Amalgam von Voraussetzungen und Eigenschaften, das ich zu schildern versuchte. Bäuerisches und sprachgewandte Weltoffenheit, Volksverbundenheit und intellektuelle Abstraktion, Direktheit und Sensibilität, ein politischer Synthesizer, der alle

Register seiner selbst auch kennt und sie zu ziehen vermag. Natürlich ist er ein Machtmensch, sonst stünde er mit seinen Resultaten gar nicht zur Diskussion. (...) Das alles zusammen erklärt ausreichend Leistung und Erfolg. Aber es macht noch nicht die vordem gefragte Besonderheit aus. Dies stellt sich viel einfacher dar: Der Josef Krainer ist – man verzeihe das banale Wort – ein herausfordernder Mensch. Das sind die meisten Politiker nicht. Er versetzt sich und seine Umgebung permanent in den Zustand von Frage und Antwort. Ob er einer politischen Runde vorsitzt oder inmitten eines ausgelassenen Freundeskreises – spannend wird es immer durch Josef Krainers geradezu triebhaftes Talent, mehr aus Situationen und Personen herauszuholen, als sie an sich anbieten. Das aber ist das Geheimnis von Leadership."

Die zentrale Botschaft des Stainzer Symposiums, das hauptsächlich von Wolfgang Mantl vorbereitet worden war, war die Rolle und Verantwortung der Steiermark im veränderten „neuen Europa". 1989 waren der Eiserne Vorhang und die Berliner Mauer gefallen, überall in Zentral- und Südosteuropa etablierten sich demokratische Regierungen. Slowenien und Kroatien waren am Sprung in die Unabhängigkeit.

Es war tatsächlich eine hochkarätige Runde, die sich versammelt hatte, u. a. der spätere polnische Außenminister Wladislaw Bartoszewski, der Präsident Venetiens und italienische Verkehrsminister Carlo Bernini, Erhard Busek, der slowakische Vizepremier Jan Carnogursky, der Südtiroler Landeshauptmann Luis Durnwalder, der deutsche Grüne Joschka Fischer, Paul Lendvai, der slowenische Vizepremier Matija Malesic, der erste freigewählte Abgeordnete Ungarns Gabor Roszik, Joseph Rovan, Gesine Schwan, Karl Schwarzenberg, der prominente Exponent des „Prager Frühlings" Ota Sik, Helmut Sonnenfeldt, der Ministerpräsident Baden-Württembergs Lothar Späth, der polnische Parlamentspräsident Andzej Stelmachoski. Auch Lojze Peterle, der erste demokratische und tief katholische Ministerpräsident Sloweniens, war in Stainz.

Und Krainer resümierte in der auf Basis des Stainzer Symposiums erschienenen Publikation *Die neue Architektur Europas. Reflexionen einer bedrohten Welt*: „Auf Grund ihrer jahrhundertelangen Erfahrung als Grenzland und Residenz der ehemaligen Habsburgischen

Ländergruppe Innerösterreich am Schnittpunkt der drei großen europäischen Kulturkreise – des deutschen, des romanischen und des slawischen – hat die Steiermark stets eine ausgeprägte internationale Verantwortung wahrgenommen.

So wurde nach 1945 die aktive Nachbarschaftspolitik schon von meinem Vater initiiert, gepflegt und geprägt, durch welche die negativen Konsequenzen für das Grenzland durch die unterschiedlichen gesellschaftspolitischen Systeme gemildert werden konnten, und beispielgebend das Prinzip einer offenen Grenze zwischen Staaten unterschiedlicher Ideologien ermöglicht.

So wurde die Grazer Messe bewusst als Südost-Messe wieder ins Leben gerufen, als Tor der Wirtschaft der südosteuropäischen Länder Mitteleuropas zu uns und umgekehrt.

So wurde von Hanns Koren der Trigon-Gedanke der Zusammenarbeit und wechselseitig befruchtenden Begegnung der Künste entwickelt.

So arbeiteten seit langem auch die Universitäten im steirischen, slowenischen, kroatischen und oberitalienischen Raum zusammen.

So war die Steiermark einer der Hauptinitiatoren der Arbeitsgemeinschaft Alpen-Adria, die am 20. November 1978 gegründet wurde.

War früher im Zusammenhang mit der Steiermark meist von Standortnachteilen die Rede, kann man heute immer öfter hören, dass unser Land eine neue Standortattraktivität gewonnen hat, die uns neue Verantwortung zuweist und uns eigentlich neuerlich unsere klassische Rolle des alten Innerösterreich zumisst. Durch den Aufbruch des Ostens und Südostens Mitteleuropas ist die Steiermark insgesamt wiederum in die Mitte, sozusagen ins ‚Herz' Europas gerückt.

Mittelfristig hat sich unsere frühzeitige Initiative sehr ‚bezahlt' gemacht. Politisch, kulturell und auch wirtschaftlich. Dies unterstreicht auch die Richtigkeit unserer Politik, nämlich einerseits außerordentliche Kraftanstrengungen zum Ausgleich der Benachteiligungen durch die Grenz- und Randlage insbesondere in der Infrastruktur und in der Wirtschafts- und Innovationspolitik zu setzen und andererseits eine aktive regionale Außenpolitik in der Arbeitsgemeinschaft Alpe-Adria zu forcieren. (...) In der ‚Stainzer Erklärung',

Josef Krainer und Karl Schwarzenberg verbindet eine jahrzehntelange Freundschaft.

zu der ich mich vollinhaltlich bekenne, heißt es wörtlich: „Es ist die Überzeugung der in Stainz versammelten Politiker und Experten, dass diese Vielfalt in ein Europa der Subsidiarität und der Regionen eingebracht werden muss. Diese Prinzipien sind im Sinne der Resolutionen der Versammlung und der Konferenz der Regionen Europas in die Römer-Verträge einzubauen. Sie stellen nicht zuletzt die Teilnahme des Volkes an der europäischen Entwicklung sicher. Gerade ein Europa der Regionen und der kulturellen Vielfalt kann den dynamischen Prozess der wirtschaftlichen, sozialen und politischen Einigung befruchten und verstärken (Einheit in Vielfalt). Mit den USA bleibt ein solches Europa in einer transatlantischen Wertegemeinschaft verbunden, die auf Demokratie, Pluralismus, Schutz der Menschenrechte, soziale Marktwirtschaft und freie Entfaltung des civis Europaeus baut."

In diesen Sätzen ist eigentlich alles enthalten, was Programm und Sichtweise des Landeshauptmannes beinhaltet. Die Anfang der

1990er Jahre erfolgte Ansiedelung des Chrysler EUROSTAR-Werkes in Graz, das gemeinsam mit den international renommierten Grazer Motorenforschern, den Professoren Hans und Helmut List (Vater und Sohn) den Nukleus des später boomenden Autoclusters bildete, war ein Beispiel für die gewonnene Standortqualität. Insgesamt begann in den alten Hallen und Standorten der Verstaatlichten zaghaft, aber doch neues restrukturiertes und privatwirtschaftliches Leben mit neuen Technologien zu blühen.

Dramatische Tage – Krieg an der steirisch-slowenischen Grenze 1991

Im Josef-Krainer-Haus, dem Bildungszentrum der Steirischen Volkspartei von 1972 bis 2001 (benannt nach Josef Krainer I), fanden in den letzten Jahren immer wieder Seminare für „Dissidenten" aus den Nachbarländern statt – so war auch die gesamte spätere kroatische Führungscrew mit Franjo Tudjman anwesend.

Krainer sah sich als „Anwalt und Dolmetscher" der slowenischen und kroatischen Demokraten und unternahm jedenfalls alles, was ihm möglich war, um den Weg Sloweniens und Kroatiens in die Unabhängigkeit zu unterstützen.

In einem vertraulichen Vier-Augen-Gespräch am 8. April 1991 teilte ihm in Laibach Ministerpräsident Peterle den Stand der Vorbereitungen der für 25. Juni 1991 geplanten Unabhängigkeitserklärung Sloweniens und Kroatiens und die avisierten serbischen Reaktionen darauf mit, vor allem auch, dass der Widerstand Serbiens gegen die kroatische Eigenstaatlichkeit noch viel größer als gegen die slowenische sein werde.

Der steirische Landeshauptmann bemühte sich danach um einen Termin beim deutschen Bundeskanzler Helmut Kohl, um ihm über seine Einschätzung zu berichten und zugleich um dessen entschiedene Unterstützung Sloweniens und Kroatiens in der Europäischen Union zu bitten. Krainer und Kohl kannten sich bereits aus den 1970er Jahren. Als Kohl noch Ministerpräsident von Rheinland-Pfalz und junger CDU-Vorsitzender war, kam er erstmals als „Wahlhelfer" für Friedrich Niederl in die Steiermark; Krainer besuchte

Kohl auch an dessen Urlaubsdomizil in St. Gilgen am Wolfgangsee, wobei sich Kohl immer ausgezeichnet informiert über die Interna der ÖVP zeigte.

Kohl bekundete im Gespräch im Bonner Kanzleramt Sympathie und Hilfsbereitschaft für Slowenien und Kroatien, was umso wichtiger war, als speziell die USA, Frankreich und Großbritannien der Souveränität beider Länder skeptisch gegenüberstanden und eher für den Erhalt Gesamt-Jugoslawiens – also serbenfreundlich – waren, womit wieder alte Frontlinien zweier Weltkriege sichtbar wurden.

Demonstrativ nahm Krainer auch gemeinsam mit seinen Landeshauptmann-Kollegen Josef Ratzenböck (Oberösterreich), Christof Zernatto (Kärnten) und Helmut Zilk (Wien) an den Unabhängigkeitsfeiern am 25. Juni 1991 in Laibach teil – Außenminister Mock sympathisierte ebenfalls mit den Slowenen, aber die „Staatsräson" und der Koalitionspartner SPÖ hinderten ihn daran, anwesend zu sein.

Am Tag nach der slowenischen Unabhängigkeitserklärung trafen sich die Funktionäre der ÖVP im Kongresszentrum in der Wiener Hofburg, um nach der schweren Wahlniederlage Josef Rieglers einen neuen Bundesparteiobmann zu wählen. Es waren alte Gräben wieder aufgerissen und eine Kampfkandidatur angesagt: Die Anwärter waren Erhard Busek, unterstützt von Josef Krainer und der Mehrheit der „Nicht-Niederösterreicher", und der damals weithin unbekannte Personalberater und spätere Wiener ÖVP-Obmann Bernhard Görg, gefördert von Mock, Ludwig, Lichal und Co.

Die Aufmerksamkeit des Parteitages richtete sich aber weniger auf die bevorstehende Kampfabstimmung, als auf den an der österreichischen Südgrenze ausgebrochenen „Bürgerkrieg". Truppen der jugoslawischen, serbisch dominierten Volksarmee wollten die slowenische Unabhängigkeit niederwalzen. Rauchsäulen stiegen in unmittelbarer Nähe der steirisch-slowenischen Grenze bei Spielfeld und Radkersburg auf, Gewehrsalven waren zu hören.

Josef Krainer verließ, ohne seine Stimme abgeben zu können, sofort den Bundesparteitag und eilte an die Grenze. (Busek wurde schließlich in einem wegen der Ereignisse radikal verkürzten Parteitag mit 56,4 Prozent gewählt.) Schon während der gesamten Autofahrt zur Grenze führte Krainer hektische Telefonate. Er forderte

Josef Krainer unterstützte den slowenischen Ministerpräsidenten Lojze Peterle engagiert beim Kampf um die Unabhängigkeit seines Landes.

verstärkte Präsenz des Bundesheeres, um das Sicherheitsgefühl der Grenzlandbevölkerung zu stärken. Insbesondere versuchte er aber Kontakt zu den wichtigsten Staatskanzleien der Welt herzustellen, um eine authentische Schilderung der Situation aus der Sicht des unmittelbaren „Anrainers" zu geben, die sich wesentlich von diplomatischen Beurteilungen vom „grünen Tisch" aus unterschied.

Jetzt kamen Krainer, aber vor allem den Anliegen der Nachbarn seine jahrelang aufgebauten Kontakte etwa zu Kohl und Santer zugute.

Eine wesentliche Rolle übernahm der österreichische Botschafter in den USA, Friedrich Hoess. Der Spitzendiplomat war ein enger Freund des steirischen Landeshauptmannes, der ebenfalls wie Schwarzenberg schon demonstrativ bei der Wahl Krainers am 4. Juli 1980 im Landtag anwesend war. 1981 bestellte Krainer Hoess, der, so wie Alois Mock, Josef Taus, der spätere Bundespräsident Thomas Klestil und der spätere Casino-Generaldirektor Leo Wallner, Sekretär von Bundeskanzler Klaus gewesen war, zum Leiter der neugeschaffenen steirischen Delegation in Wien. Hauptzweck der immer wieder auch kritisierten „steirischen Botschaft" war verstärktes Lobbying in der Bundeshauptstadt, was sehr wichtig erschien, da Wien und Niederösterreich (die Landesregierung dieses Bundeslandes saß ja bis in die 1990er Jahre in Wien) einen echten „Heimvorteil" genossen. Später wurde Hoess auch noch steirisches Mitglied im Bundesrat, ehe er von Außenminister Mock nach Washington entsandt wurde. Hoess, der „Gott und die Welt" kannte, entwickelte auch in der Slowenien-Causa beachtliche Aktivitäten.

Faktum war jedenfalls, dass der Krieg in Slowenien nach wenigen Tagen zu Ende war und EU-Beobachter nach Kroatien entsandt wurden, wo die Kampfhandlungen – wie von Peterle prophezeit – um vieles länger dauerten. Vor allem Deutschland und Österreich setzten sich nun für die internationale Anerkennung der Souveränität Sloweniens und Kroatiens ein, was einige Monate später auch erfolgte.

Der außenpolitische Zenit

Die Namen Helmut Kohl, Hans Dietrich Genscher (der Außenminister Kohls), Alois Mock, Erhard Busek (er unterstützte bereits in den 1980er Jahren intensiv die Dissidenten und sollte nach 2000 EU-Sonderkoordinator für Südost-Europa werden) und Krainer haben jedenfalls in Slowenien und Kroatien einen guten Klang. Es ist ein geringes Risiko, heute die Behauptung aufzustellen, dass – wenn die internationalen Großmächte mehr auf die vorhin Genannten gehört hätten – am Balkan viel Leid auch in späteren Jahren hätte vermieden werden können.

Zusammen mit seinem Einsatz für den raschen EU-Beitritt Österreichs zu annehmbaren Bedingungen charakterisiert diese Zeitspanne den „außenpolitischen Zenit" Josef Krainers. Der Landeshauptmann richtete frühzeitig ein Europareferat in der Landesregierung mit Universitätsprofessor Reinhard Rack ein, der seit 1994 Mitglied des Europaparlaments ist. Bei der Schlussphase der EU-Beitrittsverhandlungen Österreichs in Brüssel war Krainer Ende

Februar 1994 als turnusmäßiger Vorsitzender der Landeshauptleutekonferenz selbst anwesend – damals hatte die Steiermark schon ein von ihm initiiertes Verbindungsbüro in der EU-Hauptstadt.

Krainer engagierte sich in diesen Belangen aus tiefer innerer Überzeugung, obwohl dies in manchen Bevölkerungskreisen mit Anti-Slawen-Affekten nicht sonderlich populär war. Aber sein Auftreten 1990/91 bescherte ihm mediale, auch überregionale Präsenz wie schon seit Jahren nicht mehr. „Er war wieder voll da", war die Wahrnehmung, die alle nach seiner Operation 1989 ausgestreuten Gerüchte Lügen strafte.

Landtagswahl 1991. Die Absolute geht verloren – eine neue Herausforderung

Vor diesem Hintergrund war die Landtagswahl am 22. September 1991 zu schlagen. Die Ausgangslage war klar: Mit deutlicher Mehrheit wünschte sich die Bevölkerung weiter einen Landeshauptmann Krainer, der Verlust der absoluten Mehrheit und ein wesentliches Erstarken der FPÖ waren vorhersehbar, weil es den Mustern aller Wahlgänge seit Bildung der Großen Koalition entsprach.

Schachner-Blazizek war klug genug, nach anfänglichen starken Sprüchen nicht den Landeshauptmann-Anspruch zu stellen.

Als zu allem Überfluss noch wenige Tage vor der Wahl das Nachrichtenmagazin „profil" eine Umfrage veröffentlichte, dass Krainer trotz allem nochmals die absolute Mehrheit in der Tasche hätte, wurde dies für die VP-Wahlstrategie noch prekärer. Denn der gesamte Wahlkampf war darauf aufgebaut, dass es um den Landeshauptmann gehe, dessen Position gefährdet sei. Die Volkspartei hatte dazu auch noch eine Änderung des Wahlrechtes mit ihrer bestehenden absoluten Landtagsmehrheit „durchgedrückt", wonach Vorzugsstimmen vergeben werden konnten. Es wurde damit geworben, dass man Krainer quasi direkt zum Landeshauptmann wählen könne, ohne auf dem Stimmzettel bei der VP ein „Kreuzerl" machen zu müssen.

Das Wahlergebnis bestätigte die Papierform: Die Steirische Volkspartei verlor ihre absolute Mehrheit, konnte aber mit Josef Krainer, der 141.687 Vorzugsstimmen erhielt – das waren 41,26 Prozent des ÖVP-Stimmenanteils –, ihre Position als weitaus stärkste politische Kraft des Landes behaupten. Krainer hatte am Tag nach der Wahl dem VP-Landesvorstand seinen Rücktritt angeboten, war aber einhellig gebeten worden zu bleiben – nicht zuletzt mit Verweis auf sein Vorzugsstimmen-Ergebnis.

Das Ergebnis im Detail: Mit 44,23 Prozent erzielte die Steirische Volkspartei 11 Prozent mehr als bei den ein Jahr zuvor stattgefundenen Nationalratswahlen. Die SPÖ sank unter ihrem neuen Vorsitzenden Peter Schachner-Blazizek auf ihren historischen Tiefstand (34,93 Prozent), die FPÖ mit Landesparteiobmann Landesrat Michael Schmid zog in die Landesregierung ein (15,39 Prozent), während die Grünen (2,88 Prozent) aus dem Landtag flogen.

Die Volkspartei verlor in der Regierung, wo es nunmehr 4:4:1 stand, und im Landtag, wo das Kräfteverhältnis jetzt 26:21:9 lautete, die absolute Mehrheit. Josef Krainer wurde mit den Stimmen aller drei Landtagsparteien einstimmig zum Landeshauptmann wiedergewählt und sah die neue politische Konstellation als eine neue Herausforderung an, Zusammenarbeit und Entscheidungsfähigkeit, Stabilität und Dynamik in der steirischen Politik sicherzustellen – in einer unklaren Mehrheitssituation, wie sie sein Vater zwischen 1949 und 1957 bereits vorgefunden hatte. Landeshauptmann-Stellvertreter Kurt Jungwirth, dessen Kulturagenden Krainer selbst übernahm, und Hermann Schaller, dem Erich Pöltl nachfolgte, schieden nach den Landtagswahlen 1991 aus der Regierung aus.

Dass die FPÖ-Abgeordneten trotz einiger verlockender Gespräche mit SP-Schachner-Blazizek für die Wiederwahl Krainers zum Landeshauptmann votierten und damit auch das Einlenken der SPÖ gewährleistet wurde, war wohl vor allem auf das Sonderverhältnis von Krainer zu Haider zurückzuführen.

Ein Rücktritt mit Format und Würde

Mühsames Regieren

Ansonsten wurde das Regieren in der Steiermark für den Landeshauptmann und sein Team aufgrund der Pattsituation mühsam, weil sich die FPÖ mit ihrem Obmann Michael Schmid in vielen Sachfragen auf die Seite der SPÖ stellte. Das viel gerühmte „steirische Klima" war massiv gestört. Parteienstreit hat immer auch negative Auswirkungen auf das öffentliche Erscheinungsbild des Landeshauptmannes, den die Bevölkerung gern als Garanten für sachliches und konstruktives Arbeiten sieht. Mit Konflikten und Konfrontationen kann daher in der Betrachtungsweise von Parteiaktivern ein „Landeshauptmann-Bonus" verhindert bzw. reduziert werden.

Als 1992 die Volkspartei einen Kandidaten für den Bundespräsidenten zu nominieren hatte, weil Kurt Waldheim auf eine zweite Amtsperiode verzichtete, wurde auch Krainer gefragt. Doch er winkte ebenso ab wie bei früheren bundespolitischen Angeboten, obwohl sein Sinn für Stil und Repräsentation sowie seine Weltgewandtheit ihn als ideale Persönlichkeit hätten erscheinen lassen. Die ÖVP schickte sodann den Diplomaten Thomas Klestil ins Rennen, der die Wahl gewann.

Personell kam es in der Steirischen Volkspartei auf Krainers Betreiben zu einigen Erneuerungen: Beim Landesparteitag 1992, bei dem er wieder als Obmann mit Hirschmann als Geschäftsführer kandidierte (beide erhielten weit über 90 Prozent Zustimmung), präsentierte er die zur Umwelt- und Familienministerin aufgestiegene Ruth Feldgrill-Zankel, die bald darauf nach dem Tod des Grazer Vizebürgermeisters und Stadtparteiobmannes Erich Edegger in die Grazer Kommunalpolitik zurückkehren sollte, und den jungen weststeirischen Pharma-Industriellen Martin Bartenstein, der im Jahr davor in den Nationalrat eingezogen war, als Parteiobmann-Stellvertreter. Nach einem Intermezzo mit dem langjährigen Krai-

Die steirische VP-Spitze beim Landesparteitag 1992 (v. l.): Landesparteiobmann Josef Krainer, seine beiden Stellvertreter Martin Bartenstein und Ruth Feldgrill-Zankel, geschäftsführender Obmann Gerhard Hirschmann, Parteifinanzreferent Ernst Höller, Landesparteigeschäftsführer Ludwig Kapfer

ner-Haus-Leiter Ludwig Kapfer wurde der aufmüpfige Jugendpolitiker Reinhold Lopatka Landesgeschäftsführer, wie die Landesparteisekretär-Funktion mit Sitz am Grazer Karmeliterplatz 6 (weithin K 6 genannt) nun hieß. Für viele war die Tätigkeit am K 6 Karrieresprungbrett gewesen, wie etwa für Franz Wegart, Franz Hasiba, Karl Maitz, der 1993 Landtagsklubobmann wurde, 1994 als Wehrsprecher in den Nationalrat wechselte, Gerhard Hirschmann und später Lopatka.

Nachdem Franz Wegart 1993 zu seinem 75. Geburtstag aus dem Landtagspräsidium schied, kam es zu einer größeren Personalrochade: Hasiba wechselte von der Landesregierung ins Präsidium, Hirschmann rückte in die Regierung auf, Waltraud Klasnic wurde Landeshauptmann-Stellvertreterin, Maitz kurzzeitig Landtagsklubobmann – diese Schlüsselfunktion in der Steuerung der landespolitischen Arbeit erhielt ein Jahr später Hermann Schützenhöfer.

Der 12. Juni 1994 brachte bei der Volksabstimmung eine Zweidrittel-Mehrheit für den österreichischen EU-Beitritt. ÖVP-Bundesparteiobmann Vizekanzler Erhard Busek ließ sich im Überschwang der Gefühle dazu hinreißen, noch vor der im Herbst 1994 anberaumten Nationalratswahl die Fortsetzung der „Großen Koalition ohne Wenn und Aber" anzukündigen. Die Wähler präsentierten am 9. Oktober 1994 die Rechnung: Die ÖVP schrumpfte neuerdings um 4,39 Prozent und fiel mit 27,67 Prozent erstmals unter die 30 Prozentmarke, wie auch die SPÖ mit einem Minus von satten 7,86 Prozent bei nur mehr 34,92 Prozent landete. Die Haider-FPÖ rückte der VP mit 22,50 Prozent bereits gefährlich nahe, die Haider-Abspaltung Liberales Forum mit der Ex-FP-Generalsekretärin Heide Schmidt als Spitzenkandidatin schaffte auf Anhieb mit 5,97 Prozent den Einzug in den Nationalrat und auch die Grünen wurden mit 7,31 Prozent stärker.

Wolfgang Schüssel – neuer Bundesparteiobmann

Alles in allem waren dies untrügliche Vorzeichen dafür, dass die VP nach Erneuerung und Reform streben, also nach den bisherigen Strickmustern hauptsächlich einen neuen Bundesparteiobmann suchen würde. Dieser Prozess gestaltete sich ziemlich quälend, weil fast niemand sich auf diesen „Schleuderstuhl" setzen wollte. Buchstäblich in letzter Minute wurde der unmittelbar vor der entscheidenden Besprechung der Parteigranden von einer China-Reise zurückgekehrte Wirtschaftsminister Wolfgang Schüssel, der durch seine lange Politlaufbahn nicht als Inbegriff der Erneuerung vermarktet werden konnte, als neuer Parteichef auserkoren. Die alten Kontrahenten Mock und Busek schieden aus der Bundesregierung aus, in die der Steirer Martin Bartenstein mittlerweile aufgerückt war. Schüssel nahm Waltraud Klasnic als Bundesparteiobmann-Stellvertreterin in sein Team und gab die Losung aus: „Wir wollen wieder Nr. 1 werden und den Bundeskanzler stellen." Vielen entlockte dieser forsche Wunsch angesichts der Rahmenbedingungen nur ein mitleidiges Lächeln.

Doch Schüssel überraschte alle. Er ging flink ans Werk und die

VP-Umfragewerte verbesserten sich nach seiner Kür zum Bundesparteiobmann von April 1995 bis Sommer 1995 zusehends. So wagte er im Herbst einen großen Krach mit dem Koalitionspartner wegen der Budget- und Pensionspolitik, dessen Konsequenz darin bestand, dass für 17. Dezember vorzeitige Nationalratswahlen knapp 14 Monate nach den letzten angesetzt wurden.

In der Steiermark war das Polit-Hickhack immer unerquicklicher geworden. Ein vom FP-Mandatar Ludwig Rader geführter Untersuchungsausschuss zum Bau der Pyhrn-Autobahn konstatierte mit SP/FP-Mehrheit „mangelnde Aufsichtssorgfalt" von Landeshauptmann Josef Krainer – Anlass für die Steirische Volkspartei, schon im Sommer Neuwahlen zu beantragen, die im Oktober 1995 und damit genau ein Jahr vor dem regulären Termin stattgefunden hätten. Für diesen Wahlvorverlegungsantrag fand sich allerdings keine Mehrheit.

Verhängnisvolle Vorver- und Zusammenlegung

Als Josef Krainer und Gerhard Hirschmann mit der VP entschieden, im Herbst im Windschatten der vorzeitigen Nationalratswahlen den Absprung zu suchen und ebenfalls den 17. Dezember 1995 als Wahltermin vorschlugen, fand sich eine Landtagsmehrheit.

Der steirischen VP-Führung war bewusst, auf welch riskantes Spiel sie sich eingelassen hatte – aber lediglich Hermann Schützenhöfer hatte davor gewarnt. Seit Mitte der 1950er Jahre lautete ein Axiom der steirischen Politik: „Steirisch wählen heißt eigenständig wählen", weil die Erfahrungen vor allem der 1949 und 1953 am selben Tag abgehaltenen Wahlen belegten, dass die VP bei den Landtagswahlen vom Negativtrend der Nationalratswahlen mitgerissen wurde, was nicht nur zu Verlusten, sondern 1953 sogar dazu geführt hatte, dass die SPÖ stimmenstärkste Partei geworden war. Die von Krainer I 1957, 1961, 1965 und 1970 eigenständig geschlagenen Wahlen hingegen hatten ständige Stimmengewinne erbracht, 1974, 1978, 1981 und 1986 gab es jeweils absolute Mehrheiten und auch 1991 lag die Steirische Volkspartei um 11 Prozent über dem Nationalratswahlergebnis des Jahres 1990. Außerdem hatte die Landtagswahl 1981 gezeigt, dass eine Vorverlegung der Wahl für den, der dafür verantwortlich ist, nicht unbedingt zu Stimmengewinnen führt.

Krainer und Hirschmann aber wollten einen Befreiungsschlag aus der lähmenden Patt-Situation, vielleicht auch in der Hoffnung, dass es im Bund bei den erwarteten ÖVP-Gewinnen endlich zu einer ÖVP/FPÖ-Koalition mit positiver Fernwirkung auf die Konstellation der Zusammenarbeit in der Steiermark kommen könnte.

Im Hinterkopf wird Josef Krainer letztlich auch den Plan einer geordneten Amtsübergabe einige Jahre nach geschlagener Landtagswahl gehabt haben. Der ständige Streit und Hader in der steirischen Landespolitik mit den ungewissen Mehrheitskonstellationen ließ nämlich einen Landeshauptmann-Wechsel in laufender Gesetzgebungsperiode als nicht durchführbar erscheinen. Diesen Weg hatten nämlich Krainers Landeshauptmann-Kollegen Josef Ratzenböck 1995 mit der Amtsübergabe an Josef Pühringer in Oberösterreich und Martin Purtscher in Vorarlberg mit seiner Ankündigung, bei der Landtagswahl 1999 nicht mehr zu kandidieren, eingeschlagen.

Gigatrends

Im September 1995 hatte es quasi als Nachfeier zu Krainers 65er in Stift Rein unter dem Titel „Gigatrends" ein Nachfolgesymposium zu Stainz gegeben, zu dem Wolfgang Mantl gemeinsam mit der aus der Steiermark stammenden Nationalbankpräsidentin Maria Schaumayer und dem früheren SP-Minister, ORF-Informations-Intendanten und „Arbeiterzeitung"-Chefredakteur sowie „Begierdesteirer" Franz Kreuzer, der bei Mariazell ein Wochenendhaus besaß, geladen hatte. Es war wieder ein Stelldichein internationaler Intellektueller und Politiker mit so klingenden Namen wie den Nobelpreisträgern Erwin Neher und Manfred Eigen, EU-Kommissar Franz Fischler, dem mehrfachen Schweizer Bundespräsidenten Arnold Koller, Hanna Suchocka – der aus der Solidarność hervorgegangenen Ministerpräsidentin des demokratischen Polen – oder Monika Hohlmaier, Tochter von Franz Josef Strauss, Vizechefin der CSU und bayerische Staatsministerin.

Der Dauerstreit in der Landespolitik hatte natürlich seinen Tribut gefordert und es wurden ab dem Ende der 1980er Jahre auch gewisse Abnützungs- und Ermüdungserscheinungen spürbar. Als besonders kränkend musste es der Landeshauptmann wohl empfinden, dass ihm unterstellt wurde, hauptsächlich Orden zu verleihen und sich mit internationalen Politikern und Promis abzugeben, während man als Bürgermeister oder Normalsterblicher keinen Termin erhalte. Wenn man aber objektiv seinen Terminkalender betrachtet, war Krainer gerade in den Jahren 1993, 1994 und 1995 so viel im Lande unterwegs wie kaum zuvor. Aber ein langsamer, unaufhörlicher, auch medial geförderter Sickerprozess dieser immer wieder vorgetragenen Vorwürfe hatte eingesetzt. Auch das ist eine Erkenntnis aus dem Arsenal der Parteipropagandisten: Gewisse Aussagen müssen lange und konsequent wiederholt werden – einmal tun sie ihre Wirkung.

Auch war durch den Dauerstreit in der Landespolitik nicht das Konzept aufgegangen, dass sich Krainer als gleichsam überparteilicher Landesvater und Staatsmann präsentierte, während Hirschmann und Co die parteipolitische Kontroverse führten. Krainer hatte selbst einmal gesagt, in der Steirischen Volkspartei sei er eine Art „Ehrenpräsident", also mische er sich nicht in die Tagespolitik ein. Abgesehen davon, dass natürlich alle wichtigen Entscheidungen bei ihm zusammenliefen und informierte Kreise dies wussten und Krainer im Gegensatz zum „unpolitischen Niederl" der Inbegriff des politischen Vollbluts war, versuchten die politischen Gegner diese Aussage gegen seine Amtsführung als Landeshauptmann auszuschlachten.

Die Medien kolportierten im September 1995 überdies ein seit Monaten „unterkühltes Klima" zwischen Krainer und Hirschmann.

Dennoch war für die meisten die steirische Politik ohne einen Landeshauptmann Josef Krainer unvorstellbar. Mehrfach erklärte Krainer: „Das Alter zwischen 60 und 70 ist für einen Politiker das fruchtbringendste", und bezog sich dabei auf ein Diktum seines Vaters. Bei allen Umfragen zur Landeshauptmann-Direktwahl führte er haushoch vor Peter Schachner-Blazizek. Im Zuge des Wahlkampfs kam es jedoch zu einem Stimmungseinbruch bei der ÖVP. Auslöser war der „Pensionistenbrief" des SPÖ-Bundeskanzlers Vranitzky, in dem er Österreichs älterer Generation eine gesicherte Alterversorgung versprach und Schüssel und der ÖVP unterstellte, sie wolle dies durch einen Kurswechsel untergraben. Das schlug voll auch auf die Steiermark durch.

1995: Der Rücktritt – mit Format und Würde

Der Wahlsonntag (17. Dezember 1995) – zugleich der dritte Adventsonntag – übertraf die Befürchtungen: Im Bund legte die Vranitzky-SPÖ um 3,14 Prozent auf 38,06 Prozent zu und baute ihre Nr.-1-Position aus, während Schüssel nur mickrige 0,62 Prozent Zuwachs auf 28,29 Prozent verzeichnete. Die FPÖ war erstmals leicht rückläufig – mit Minus 0,61 Prozent auf 21,89 Prozent. Realpolitisch war trotz der weiterhin gegebenen strategischen ÖVP/FPÖ-Mehrheit an eine solche Koalition nicht zu denken.

Das steirische Landtagswahlergebnis war so, dass der Stimmenvorsprung der Krainer-VP vor der SPÖ, der 1991 noch 72.195 Stimmen betragen hatte, auf hauchdünne 2.414 geschmolzen war. Im Laufe des Nachmittags des Wahlsonntags hatte es überhaupt so ausgesehen, als hätte die SPÖ die Mehrheit gewonnen, erst das Ergebnis aus der Landeshauptstadt sicherte die VP-Mini-Mehrheit. Die FPÖ konnte leicht zulegen, die Grünen schafften den Wiedereinzug in den Landtag und auch das Liberale Forum errang zwei der 56 Mandate. Trotz des für die VP niederschmetternden Resultats erzielte die Krainer-VP mit 36,25 Prozent am selben Tag um 6,74 Prozent mehr an Stimmen in der Steiermark als die Schüssel-ÖVP. Es ist müßig zu diskutieren, um wie viel mehr es gewesen wäre, wenn die Wahlen nicht zusammengelegt worden wären.

Josef Krainer kam am frühen Nachmittag des Wahltags ins Büro und war – wie immer bei wirklich ernsten Situation – außerordentlich gefasst. Er teilte seinen engsten Mitstreitern und Mitarbeitern mit, dass er am Abend vor laufender Kamera seinen Rücktritt als Landeshauptmann erklären werde, verlangte aber gleichzeitig strengstes Stillschweigen über diese Entscheidung, weil es ein Überraschungseffekt sein sollte, was auch voll und ganz gelang.

In seinen Gesprächen am Nachmittag ging es ihm darum, das

Sie trugen und tragen als Parteiobleute die Hauptverantwortung für die Steirische Volkspartei: v. l. Friedrich Niederl (1971–1980), Josef Krainer (1980–1996), Waltraud Klasnic (1996–2006) und Hermann Schützenhöfer (seit 2006).

Bestmögliche aus der Niederlage zu machen und wenigstens die Funktion des Landeshauptmannes für die VP zu retten. Viel ist darüber gerätselt worden, was Josef Krainer mit wem an diesem Nachmittag besprach. Es kursieren verschiedene Versionen und Erinnerungen. Fest steht, dass er mit Gerhard Hirschmann, Waltraud Klasnic und Martin Bartenstein ausführlich einzeln sprach. Alle drei galten als mögliche Nachfolger. Die VP-Führung hatte auch schon vor längerem eine Umfrage über deren öffentliche Anmutung und Akzeptanz in Auftrag gegeben, aus der hervorging, dass Hirschmann am meisten polarisierte und Klasnic als besonders sympathisch empfunden wurde. Krainer sah es als seine Ehrenpflicht an, Hirschmann dem für Montagvormittag einberufenen Landesparteivorstand als seinen Nachfolger vorzuschlagen. Klasnic erinnert sich, dass Josef Krainer ihr gegenüber von der Möglichkeit gesprochen hatte, dass sie ins Landtagspräsidium wechseln sollte, d. h. dass der bisherige Landtagspräsident Franz Hasiba offenbar gemeinsam mit

Krainer in Politiker-Pension gehen könnte. Bartenstein fuhr nach dem Gespräch mit Krainer nach Wien zum Wahlabend in der Bundesparteileitung weiter und blieb – abgesprochenermaßen – der tags darauf folgenden Sitzung des Landesparteivorstandes fern.

Im ORF-Interview mit Klaus Edlinger nahm Josef Krainer bewegend und ohne die üblichen Schnörkel und Politikerausflüchte Stellung, bezeichnete die Wahlvorverlegung und -zusammenlegung als seinen Fehler und sagte:

„Die Landtagswahlen haben eine schwere Niederlage für die Steirische Volkspartei gebracht. Die Wahlbewegung war ganz auf meine Person zugeschnitten. Ich übernehme daher die volle Verantwortung für dieses Ergebnis und werde als Landeshauptmann zurücktreten."

Dieser Auftritt mit Format drängte alles andere an diesem Abend zurück – allenthalben wurde dem scheidenden Landeshauptmann Respekt gezollt und viele Menschen bekundeten: „Das haben wir nicht gewollt." Mit diesem Sympathiebonus hatte Krainer in der medialen Öffentlichkeit viel für das Ziel erreicht, dass die VP weiter den Landeshauptmann stellte. Auf die Frage, wie es mit wem weitergehen solle, verwies er auf den Parteivorstand am folgenden Tag.

Der berührende Fernsehauftritt und die noble und feste Haltung Krainers am Wahlabend vervollkommnen das Bild, das man sich von ihm seit 1980 gemacht hat – ein Landesvater mit staatsmännischem Auftreten, mehr noch ein Landesfürst, ja eigentlich der letzte Landesfürst in Österreich, der jetzt geht. *Der letzte Landesfürst* sollte dann auch der Titel der im Molden-Verlag erschienenen Krainer-Biografie von Ernst Trost lauten, jenes intellektuell und sprachlich brillanten liberalen Aushängeschildes und Kommentators der „Kronen-Zeitung", der so wie sein als Zeitungsmacher beispiellos erfolgreicher Chef Hans Dichand gebürtiger Steirer ist und einst bei der „Kleinen Zeitung" tätig war.

Der im Dezember 1995 amtierende Chefredakteur der „Kleinen Zeitung", Kurt Wimmer, schrieb in seinem Kommentar zum Rücktritt Josef Krainers: „Wer sich in unserer raschlebigen Zeit 15 Jahre erfolgreich in einer politischen Spitzenposition behauptet, der ist ein Kaliber der besonderen Art. (...) Es war ein Abgang mit Niveau, der noble Abschied einer unverwechselbaren politischen Persönlichkeit und eines imponierenden Menschen, der das politische Leben der

Steiermark schon geprägt hatte, ehe er 1980 Landeshauptmann geworden war. Josef Krainer ist volksverbunden, ohne deswegen den großen politischen Horizont zu vernachlässigen. Er weiß um seine Heimat und ihre Menschen sehr genau Bescheid, und in der Welt kennt er sich aus. (...) Der welterfahrene Intellektuelle ist aber immer auch der Sohn des Landarbeiters Josef Krainer geblieben, der dem Volk aufs Maul schaut, der auf die Menschen zugeht, zuhört, was sie sagen, ihre Sprache versteht und diese auch spricht. (...) Jetzt geht Josef Krainer. Der letzte Landesfürst mit Sinn für Stil und Tradition tritt ab ... Eine Ära geht zu Ende." Auch Ulli Jantschner übertitelte ihr Krainer-Abschiedsporträt im „Kurier" mit „Der letzte Landesfürst tritt ab", was ihr stellvertretender Chefredakteur Christoph Kotanko in seinem Kommentar bekräftigte, indem er festhielt: „Er war der letzte Landesfürst."

Das Epitheton „Landesfürst" war Krainer freilich schon öfters verliehen worden, etwa vom damaligen Herausgeber der „Presse", Thomas Chorherr, der zum 65er schrieb: „Ein Landesfürst? Wenn einer die Bezeichnung tragen darf, ohne sich zu genieren, dann ist es Josef Krainer." Und abgerundet wurde dieses Wortbild beim VP-Landesparteitag im März 1996, bei dem Josef Krainer Ehrenobmann wurde. Dort wurde ihm die Skulptur „Der König" des prominenten steirischen bildenden Künstlers Gerhardt Moswitzer zum Geschenk gemacht.

Waltraud Klasnic – die Überraschung

Als sie am frühen Morgen des Montags, 18. Dezember, in ihrem kleinen Häuschen in ihrer Heimatgemeinde Weinitzen bei Graz um 5 Uhr nach einer kurzen und auch unruhigen Nacht aufstand – das war seit langem die Zeit ihrer Tagwache und sollte es auch künftig bleiben –, war Waltraud Klasnic der Meinung, dass in wenigen Stunden Gerhard Hirschmann zum Landeshauptmann und Landesparteiobmann-Kandidaten nominiert werden sollte. Gedanklich bereitete sie sich auch auf eine unterstützende Wortmeldung für Krainers Vorschlag und ihn im Landesparteivorstand vor.

Als sie ihrem Dienst-Mercedes beim Haupteingang des Josef-Krainer-Hauses entstieg, sah sie Gerhard Hirschmann – noch blasser aussehend als sonst, nach einer noch um ein Vielfaches unruhigeren, um nicht zu sagen fast völlig schlaflosen Nacht – im Freien stehen. Das war nichts Besonderes, denn Hirschmann erwartete vor jeder Parteisitzung den „Chef", wie der Landeshauptmann häufig von seinen engsten Mitstreitern tituliert wurde, um mit ihm letzte Informationen auszutauschen.

An diesem Tag hatte Hirschmann für den „Chef", der wenige Augenblicke später kam, die allerdings weitreichendste und brisanteste Information seiner Karriere: Er habe es sich gründlich überlegt, aus vielen Gründen könne er jetzt nicht für die Funktion als Landeshauptmann kandidieren, er schlage Waltraud Klasnic vor.

Josef Krainer reagierte sofort. Beim Hineingehen in den Sitzungssaal zischte er Waltraud Klasnic zu: „Der Gerhard macht's nicht. Du musst es machen." Manche Beobachter vermuten, dass Josef Krainer in Vorhersehung der Sachlage ohnehin immer den „Plan B" mit Klasnic in seinem strategischen Denken hatte. Wie auch immer, er berichtete dem Parteivorstand, dass sein eigentlicher Vorschlag auf Gerhard Hirschmann lautete, und erteilte diesem dann das Wort. Dieser schlug Waltraud Klasnic vor und die Parteivorstandsmitglieder entschieden sich in geheimer Abstimmung mit 27:1 für sie. Es war also so gekommen, wie es als eine der wenigen Journalistinnen Ulli Jantschner schon in der Morgen-Ausgabe des „Kurier" vorausgesagt hatte: „Favoritin ist Waltraud Klasnic."

Die „Favoritin" hatte diese Zeitung zu diesem Zeitpunkt noch nicht gelesen, aber auch sie hatte blitzschnell reagiert. Sie hatte, ohne lange zu grübeln, die an diesem Tag völlig unerwartete Wendung akzeptiert und wollte alles daransetzen, die gebotene Chance zu nützen. Denn die Unterstützung der Volkspartei reichte bei Mandatsgleichstand von 21:21 mit der SPÖ und bereits angemeldetem Landeshauptmann-Anspruch von Peter Schachner-Blazizek nicht. Fest stand: Zumindest die Stimmen der FPÖ waren notwendig und eine positive öffentliche Stimmung wäre sehr hilfreich.

Und Klasnic machte ihre Sache – für viele überraschend – von Anbeginn, geleitet von ihrem Instinkt, großem und zähem Ehrgeiz und einem gewissen Gottvertrauen, außerordentlich gut. Das zeigte sich schon an der Antwort auf die an sich marginale, aber symbol-

Blitzartig zur LH-Kandidatin nominiert – Waltraud Klasnic

trächtige Frage des ORF-Reporters, wie sie angeredet werden wolle – Landeshauptfrau oder Landeshauptmann: „Sagen Sie einfach Frau Klasnic zu mir."

Die Aussicht, dass erstmals in Österreich eine Frau das Amt des Landeshauptmannes ausüben könnte, beschäftigte die Phantasie. Klasnic gab Interviews am laufenden Band, die wegen ihrer im Vergleich zu anderen Berufspolitikern gänzlich anderen Sprache völlig ungewöhnlich abliefen. Gleichzeitig wurden intensivste Gespräche mit allen im Landtag vertretenen Parteien, aber vor allem auch mit Jörg Haider geführt.

Es herrschte in der Steirischen Volkspartei das große Zittern bis zuletzt – dem Tag der Landeshauptmannwahl am 23. Jänner 1996, auch wenn es schon erfreuliche Vorausmeldungen gab: Das Medien-Echo auf Klasnic war mehr als freundlich, eine in der „Kleinen Zeitung" Mitte Jänner publizierte Umfrage besagte, dass sich 39 Prozent für Klasnic und nur 28 Prozent für Schachner-Blazizek als neue Landesspitze aussprachen.

Bei der konstituierenden Sitzung des Landtages am 12. Jänner 1996 wurde Franz Hasiba dank der Kandidatur Klasnics für das Amt des Landeshauptmanns doch noch von der VP zur Wiederwahl als Landtagspräsident vorgeschlagen. Er konnte sich gegen den SP-Kandidaten Dieter Strenitz durchsetzen und wurde mit 34:21 Stimmen in geheimer Abstimmung offensichtlich von den Mandataren von VP, FP, Grünen und Liberalem Forum gewählt. Es war sicherlich ein Akt parlamentarischer Courtoisie, den Vertreter der stimmenstärksten Fraktion zu wählen, der überdies bereits als überparteilich agierender Präsident bekannt war. Es war aber auch ein Indiz für den 23. Jänner.

Eine übergeordnete, wichtige Frage wurde auch gelöst: SPÖ, Grüne und LIF wollten der FPÖ auf Bundesebene die Position des Dritten Nationalratspräsidenten verweigern – durch die Wahl des FPÖ-Mandatars Wilhelm Brauneder mit den Stimmen von ÖVP und FPÖ am 15. Jänner 1996 war das Problem aus dem Weg geräumt.

Dies war ein weiteres gutes Omen für die am 23. Jänner angesetzte Landtagssitzung zur Landeshauptmann-Wahl. Am frühen Morgen suchte Klasnic die dem Landhaus schräg gegenüberliegende Grazer Stadtpfarrkirche auf. Sie ist nämlich, genauso wie Josef Krainer, ein zutiefst gläubiger Mensch, auch wenn ihre Zugänge zum Katholizismus durchaus unterschiedliche sind – ist es bei ihr eine selbstverständlich gelebte, echt verwurzelte Volksfrömmigkeit, so ist es bei Krainer eine sicherlich auch schon in der Familie grundgelegte tiefe Gläubigkeit, die durch seine Tätigkeit in den „liberalen" katholischen Organisationen und vor allem durch den Aufbruch des „Aggiornamento" des 2. Vatikanums ausdifferenziert wurde.

Nach dem Gebet in der Kirche besuchte Klasnic noch ihre betagte ehemalige „Chefin" in einem Kinderbekleidungsgeschäft, in dem sie in ihrer frühen Jugend gearbeitet hatte, und begab sich dann in den VP-Klubsitzungssaal im Landhaus.

In der VP-Klubsitzung unmittelbar vor der für 10 Uhr anberaumten Landtagssitzung mit der Landeshauptmannwahl sorgte der scheidende Landeshauptmann Josef Krainer für eine weitere Über-

Josef Krainer an seinem Schreibtisch als Landeshauptmann – 15 Jahre unter den Auspizien des „steirischen Prinzen" Erzherzog Johann

SEPTEMBER '86

„Joschi und seine Freunde"

Montag	Dienstag	Mittwoch	Donnerstag	Freitag	Samstag	Sonntag
1	2	3	4	5	6	7
8	9	10	11	12	13	14
15	16	17	18	19	20	21
22	23	24	25	26	27	28
29	30					

SPRUCH DES MONATS

„Im Sommer tun die Steirer schwitzen, im Herbst tun sie im Gasthaus sitzen."

1986 war Josef Krainer in den USA auch der Beistand Arnold Schwarzeneggers, als dieser Maria Shriver heiratete und damit in den Kennedy-Clan einheiratete.

Starkarikaturist Manfred Deix gestaltete für Josef Krainer sogar einen frechen Jugend-Wahlkampfkalender.

Sie prägten ein Vierteljahrhundert führend die steirische Politik – Waltraud Klasnic und Josef Krainer

raschung. Er legte mit sofortiger Wirkung seine Funktion als Landesparteiobmann zurück, was zur Folge hatte, dass Gerhard Hirschmann seine Funktion als geschäftsführender Parteiobmann ebenfalls zur Disposition stellte, wodurch Waltraud Klasnic als neue geschäftsführende Parteichefin noch vor dem für März anberaumten Parteitag das volle Sagen in der Landespartei hatte und sich die Frage, ob Hirschmann Geschäftsführer bleiben könne, von selbst erledigte.

In der Landtagssitzung selbst gab Josef Krainer nur eine kurze Erklärung ab und sagte u. a.: „Der unmittelbare Kontakt mit den Menschen unserer grünen Mark, sozusagen die Hand und das Ohr am Puls des Volkes zu haben und erfreulicherweise auch immer wieder helfen zu können, zugleich aber auch in Österreich und im internationalen Umfeld mitzugestalten, macht diese Aufgabe besonders faszinierend. Auch habe ich gemeinsam mit vielen anderen den großen Strukturwandel und auch den Zeitenbruch der letzten 25 Jahre mitgestalten können. Mein politisches Grundanliegen – und das möchte ich heute auch hier noch einmal aussprechen – war in erster Linie die Zusammenarbeit aller politischen Kräfte im Interesse unseres Landes und seiner Menschen, ohne jede Ausgrenzung. Und dieses Wollen der Gemeinsamkeit, auch wenn es nicht selten beim Wollen geblieben ist, der Wille also zu Toleranz, zu Ökumene und zum Dialog über geistige, religiöse und geographische Grenzen hinweg zu erhalten und zu pflegen, das ist in unserem demokratischen System, nach meiner Überzeugung, das eigentliche Prinzip Hoffnung – bei allem Verständnis für kontroversielle, auch notwendige ideologisch-politische Positionierungen. Und, meine sehr verehrten Damen und Herren, in diesem Geiste gilt es heute, die Stafette weiterzugeben. Als Steirer bin ich sehr stolz darauf, dass unsere Heimat mit Waltraud Klasnic von heute an das erste Bundesland sein wird, das eine Frau an die Spitze seiner Regierung wählt. Eine starke Frau, die sich bewährt hat, die couragiert und mit ihrem ganzen Wesen ein hilfsbereiter, tüchtiger, moderner, aber vor allem mütterlicher Mensch ist und, wie wir Steirer sagen, das Herz am rechten Fleck trägt. Mit ihr – und das haben auch die Medien in den letzten Tagen und auch heute mehrmals gesagt – wird jener Neubeginn gesetzt in unserem Land, der dieses Land mit Gottes Hilfe ins dritte Jahrtausend führen wird. Ein herzhaftes

Sie lieferten sich 1991 und 1995 das „Duell der Söhne": Landeshauptmann Josef Krainer und der 1. Landeshauptmann-Stellvertreter sowie Steirische SP-Chef Peter Schachner-Blazizek.

Glück auf für diese gemeinsame steirische Zukunft! So, Waltraud – ich wünsch dir was!"

Kaum hatte er diesen letzten Satz gesprochen – das Protokoll vermerkte 10.05 Uhr als Beginn und 10.10 Uhr als Ende der Rede –, nahm Krainer schon während des aufbrandenden Applauses seine unter dem Platz in der Mitte der Regierungsbank, den er über 15 Jahre eingenommen hatte, lehnende Aktentasche, wechselte mit der bisherigen – zu seiner Rechten sitzenden – Landeshauptmann-Stellvertreterin Klasnic einen innigen Händedruck und eilte durch die Hintertür aus dem Landtag. Eine mehr als 15-jährige Ära war in fünf Minuten zu Ende gegangen.

Die Verblüffung war groß, die späteren Redner aller Landtagsfraktionen mussten ihre obligaten Danksagungen einem Abwesenden abstatten – so auch VP-Landtagsklubobmann Hermann Schützenhöfer, der gleichzeitig namens der VP Waltraud Klasnic den Abgeordneten zur Wahl zum Landeshauptmann vorschlug.

Der Vertreter des Liberalen Forums, Universitätsprofessor Christian Brünner, hatte genauso wie die FP-Sprecher angekündigt, Klasnic einen Vertrauensvorschuss geben zu wollen, die Grünen erklärten, sich der Stimme zu enthalten, sodass Schachner-Blazizek nur mit den Stimmen der SP-Abgeordneten rechnen konnte. So kam es auch: 33 Stimmen für Klasnic, 21 für Schachner-Blazizek, 2 ungültig.

Von der Baracke in die Burg – ein ungewöhnlicher Lebensweg

Der Jubel im Landtag am 23. Jänner 1996 wenige Minuten nach 11 Uhr war groß – der VP war die ungeheure Erleichterung nach Wochen der Anspannung anzusehen. Vielen war unüberhörbar ein Stein vom Herzen gefallen: Der Landeshauptmannsessel war gerettet. Klasnic, die überglücklich erklärte: „Ich nehme die Wahl sehr, sehr gerne an", konnte erst nach einigen Minuten des Blitzlichtgewitters und der Gratulationstour sowie nach Mahnungen des Präsidenten zur Ruhe ihre 45-minütige Antrittsrede beginnen.

Miteinander für Unternehmen und Familie Steiermark

Diese Rede war ganz anders angelegt als jene Josef Krainers im Juli 1980, aber nicht weniger programmatisch und aufschlussreich – authentisch – für ihren Rede- und Arbeitsstil. Während Krainer – meist gespickt mit Zitaten berühmter Zeitgenossen und aktueller wissenschaftlicher Untersuchungen – argumentierte, liebte Klasnic die bildhafte Sprache mit blumigen Vergleichen und Ausdrucksweisen, die manchmal spöttisch als Kalenderblattweisheiten bezeichnet wurden. In einem Lebenslauf schreibt Klasnic etwa: „Jeden Morgen freue ich mich in meinem Leben, jene Aufgabe erfüllen zu dürfen, die mich wirklich auslastet, aber immer wieder glücklich macht. Oft sind es große Erfolge, meistens aber 100 kleine Dinge, die gelingen. Jeder Schritt mit und für andere ist ein Weg der Verantwortung, aber auch der Begleitung. Hilfestellung soll niemandem die Würde nehmen, Politik ist für mich aber ein ständiges Werben um den Nächsten. Der gute Wille und mein Einsatz sind vorhanden – wenn es auch nicht immer gelingt. Mein Leitsatz in schwierigen Phasen: Gott schreibt gerade Wege auf krummen Zeilen!!"

„Ich wünsche mir mitzuhelfen, das ‚Unternehmen Steiermark' so zu führen, dass sich auch die ‚Familie Steiermark' wohlfühlt", war einer der Kernsätze in ihrer Antrittserklärung als Landeshauptmann. So verschieden sie in der Ausdruckweise und wohl auch im Charakter sein mögen, so einig waren sich Krainer und Klasnic im Ziel – hieß es bei Krainer Zusammenarbeit im Interesse der Steiermark, so proklamierte Klasnic das „Miteinander", das ihre „Trademark" für die nächsten Jahre werden sollte. Die neugewählte „Frau Landeshauptmann" – auf diese Anrede hatte man sich VP-intern aus verschiedenen Gründen festgelegt, nicht nur der Verfassung wegen, sondern vor allem, weil „Landeshauptfrau" als diminutiv empfunden wurde und sich Schachner-Blazizek als „Herr Landeshauptmann" titulieren ließ – schloss folgendermaßen:

„Wir brauchen in unseren Köpfen neue Phantasie, wir brauchen neue Kreativität und eine neue Leistungsbereitschaft, das Wort ‚Leistungsbereitschaft' stell' ich den Vordergrund. Es geht dabei aber auch um unsere innere Einstellung zum Leben, zur Arbeit, zu unserer persönlichen Verantwortung in der Familie, in Gesellschaft und Staat. Es ist ein Aufbruch, aber ein Aufbruch in den Köpfen. Bei diesem Aufbruch darf niemand abseits stehen. Ich werde mich sehr bemühen und habe es immer getan – auch in den vergangenen Jahren –, in vielen Fragen ein Miteinander zu erreichen. Ein Miteinander hier in diesem Hohen Haus, ein Miteinander in der Landesregierung und vor allem auch ein Miteinander mit Bund, Städten, Gemeinden und Regionen. (…) Zum Miteinander in der Gesellschaft gehört für mich die Achtung vor dem älteren Menschen, der Respekt vor der älteren Generation. (…) Das gilt für die Familien, das gilt aber auch für die vielen Gruppen, die sich im Land vor allem um die Senioren bemühen, dass wir daran arbeiten sollten, langfristig finanzierbare Pflegemodelle zu haben, aber auch die Eigenverantwortlichkeit und die Eigenentscheidung der älteren Menschen nicht via Erlass oder anderer Eingriffe einfach vorwegzunehmen. Da haben wir vorzusorgen. Das ist das Recht des einzelnen Menschen." (Eine fast prophetische Passage angesichts der Pflegedebatte in Österreich 2006/07 – Anmerkung des Autors)

„Ich werde mich deshalb ganz besonders bemühen, da zu sein, für die Menschen in unserem Land angreifbar zu sein, offen zu sein für Ideen und Probleme, die Anliegen der Bevölkerung wirklich wahrzunehmen, heiße Eisen nicht wegzuschieben, sondern anzugreifen.

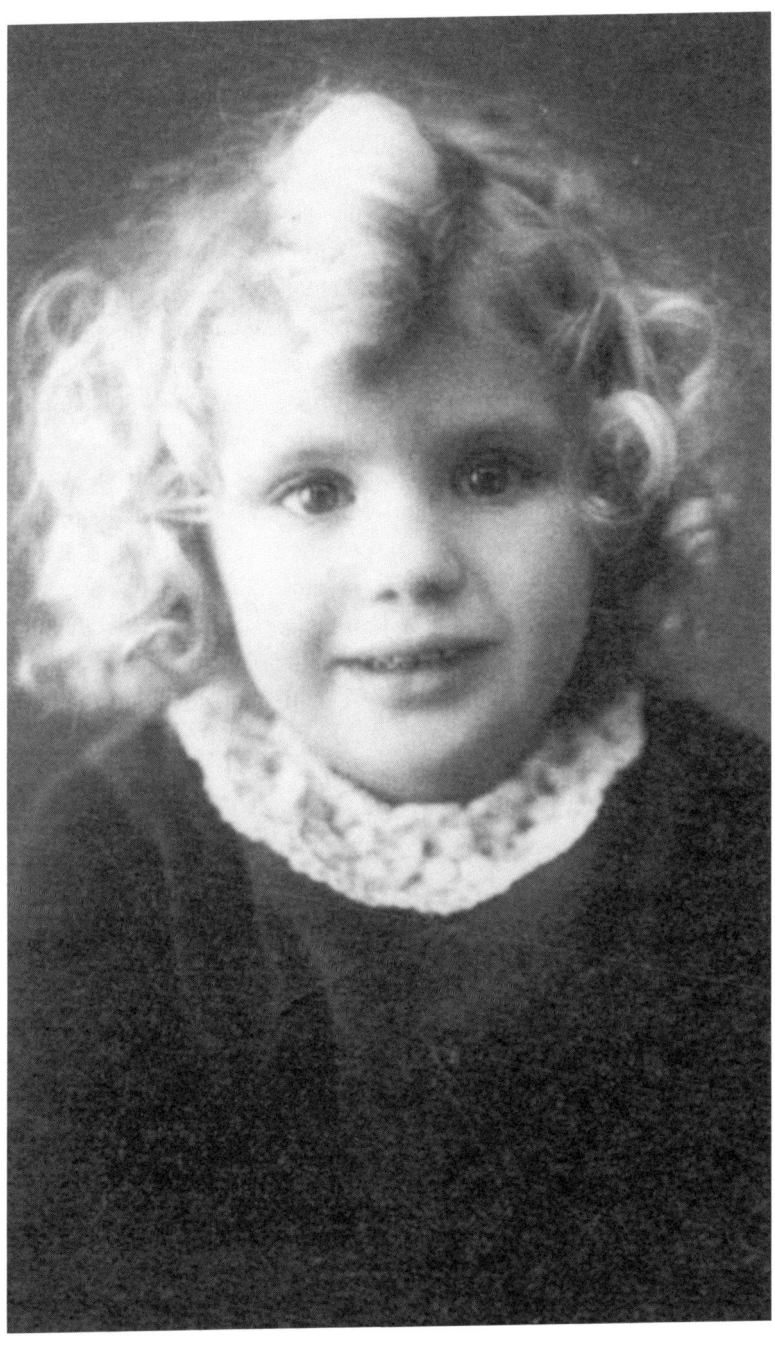

Klein-Waltraud

Nicht große Worte machen. Ich habe zu arbeiten gelernt, und ich arbeite gerne. Es geht mir um die Aufrichtigkeit, um Verständnis, Geduld, um Herz und um einen anderen Ton in der Politik. Es ist nicht immer wichtig, wer welchen Vorschlag gemacht hat, sondern wie gut er ist. Und was das Bessere für unser Land ist, das wollen wir tun. Bei Fehlern muss man auch die Bereitschaft zeigen, aus ihnen zu lernen und diese zu korrigieren. Ich glaube, vom politischen Stil her sagen zu können, dass bei allem Übereinkommen und Nichtübereinkommen auch die Verhandlungen für diese Regierungsbildung im sachlichen Teil, aber auch im menschlichen Teil erfreulicherweise von diesem Stil geprägt waren. Wir wollen miteinander den Weg in die steirische Zukunft gehen. Grundvoraussetzung für eine gute Politik ist aber: Gerne arbeiten, die Menschen gernhaben, aufeinander zugehen, fleißig sein, positiv denken. Von mir selber habe ich immer gesagt, wenn es ganz schwer war: Ich bin ein realistischer Optimist! Es wird nirgends ein Patentrezept geben und kein Allheilmittel, aber es geht auch nicht nur um kurzfristige Strohfeuer, sondern wir haben langfristig in diesem Land zu gestalten und zu arbeiten. Es gibt keinen Fahrplan mit Abfahrts- und Ankunftszeiten, sondern wir müssen die Weichen stellen, damit die Richtung stimmt. Es ist schön, für dieses Land und mit den Menschen dieses Landes arbeiten zu dürfen und arbeiten zu können. Tun wir es für unsere Steiermark, in dieser Gesetzgebungsperiode, die über die Jahrtausendwende hinausreicht. Ich bitte Sie alle, helfen Sie mit für unser Land, arbeiten Sie mit uns mit. Unsere Arbeit ist eine Aufgabe, die uns verbindet. Ich möchte Ihnen zum Schluss ein Zitat aus einem Brief, den ich in den letzten Tagen bekommen habe, vorlesen, welches eigentlich alles enthält, die Lebenschance, das Lebensziel, das wir brauchen. Es ist vom Pfarrer Raimund Ochabauer aus Pöllau – er schreibt mir: ‚Wir haben die Aufgabe, die Lebensfreude der Menschen zu fördern. Wenn aus verschiedenen Bausteinen zusammengesetzt dazu wirtschaftlicher Erfolg spürbar wird und eine Region, ein Land vom Arbeitsmarkt her halbwegs durchatmen kann, dann geht es uns auch in allen staatstragenden Institutionen wieder besser. Und da, mitten drinnen, steht für mich der Auftrag und die Sendung der Kirche und der Politik in der Welt von heute. In diesem Heute leben und wirken wir.' Ich sage zum

Schluss: für dieses Ziel und mit aller Kraft und Gottes Segen für unsere Steiermark!"

In diesen Sätzen und ihren davor mehrfach explizit angesprochenen Lebenserfahrungen spiegelt sich ein Lebensweg gleichsam „von der Baracke in die Burg" wider, der als ungewöhnlich bezeichnet werden kann und sich für einen Herz-Schmerz-Roman oder -Film bestens eignen würde. Hans Rauscher, Starkolumnist und Edelfeder von „Standard" und „Format", hat ihn in seiner im Molden-Verlag 2000 erschienenen Biografie mit faszinierender Formulierungsgabe beschrieben, der wissenschaftliche Direktor von Joanneum Research und Publizist Bernhard Pelzl verfasste als Ghostwriter für die Landtagswahl 2000 die sehr emotional wirkende Broschüre *Die Botschaft des Magnolienbaums. Die ungewöhnliche Lebensgeschichte der ersten Frau im Land*, die Kultstatus erlangte. (Der apostrophierte Magnolienbaum steht im Grazer Burggarten, Klasnic konnte diesen von ihrem Amtszimmer aus immer sehen und behauptete, ihm oft ihre Gedanken anvertraut zu haben.)

Im Gegensatz zu Josef Krainer, der sich zumindest als Jugendlicher, nachdem der Vater 1945 Landesrat geworden war, schon auf eine beachtliche Laufbahn vorbereiten konnte, war dies Waltraud Klasnic keineswegs in die Wiege gelegt. Klasnic ist – wie Ernst Trost schreibt – „eine Art Kontrastprogramm zu Josef Krainer. Und viele entdecken mehr Ähnlichkeiten mit dem Vater. Wie er stammt sie aus kleinsten, ärmlichsten Verhältnissen und hat ihren Weg an die Spitze ganz, ganz unten beginnen müssen, ohne die Bildungsprivilegien, die etwa dem Krainer-Sohn zuteil geworden sind."

Ein ungewöhnlicher Lebensweg als Erfolgsstory

In gewisser Weise repräsentiert Klasnics Weg die Erfolgsgeschichte des „neuen Österreich", das aus den Trümmern des Zweiten Weltkriegs zu einem blühenden Gemeinwesen aufgebaut wurde. Waltraud Klasnic wurde als Waltraud Tschiltsch am 27. Oktober 1945 geboren – exakt ein halbes Jahr, nachdem am 27. April vor dem Wiener Parlament das Wiedererstehen der demokratischen Republik Österreich nach sieben Jahren des „Anschlusses" an Hitler-Deutschland proklamiert worden war. In Wien war der Krieg nach der Einnahme durch die Rote Armee bereits zu Ende, während er in der Steiermark bis zur bedingungslosen Kapitulation des „Deutschen Reiches" am 8. Mai weiterging.

Auch wenn Waltraud Klasnic sehr freundlich und eigentlich beschönigend über ihre erste Lebenszeit spricht, sind es unglaublich harte Tatsachen: Der amtlich festgestellte Vater war im Fronteinsatz, als Waltrauds Mutter schwanger wurde. Die Ehe, der schon vier Kinder entstammten, war zerrüttet. Die Familie lebte in ärmlichen Verhältnissen, die leibliche Mutter erwog ernsthaft, das Kind nicht lebend zur Welt zu bringen, bis ihr ein Arzt riet, es auszutragen und adoptieren zu lassen. Heute sagt Klasnic: „Meine Mutter hat das Größte gemacht, was sie tun konnte: Sie hat mich geboren und bei der Auswahl der Adoptiveltern nicht darauf geschaut, wie begütert sie waren, sondern sie hat jemand gesucht, von dem sie glaubte, dass er mich gern haben würde."

So kam Klein-Waltraud bereits zwei Tage nach ihrer Geburt zu Adoptiveltern. Auch ihre Adoptiveltern waren arme Leute und wurden überdies bald geschieden. Waltraud wuchs als adoptierte Mlnaritsch in einer Baracke in Sichtweite der Wallfahrtskirche und heutigen Basilika Graz-Mariatrost als Einzelkind auf. Die Adoptivmutter wurde „die Mutti", die „beste Mutter", „der Mensch, der mir alles gegeben hat", vor allem den Sinn dafür, „dass alles einen Sinn hat und schön ist". Klasnics „Mutti" arbeitete vorwiegend als Reinemache- und Zugehfrau sowie als Tellerwäscherin (wobei Waltraud schon in der Volksschulzeit mithalf), aber sie muss eine beachtliche und ehrgeizige Person gewesen sein. Sie gab Waltraud jedenfalls eine ganz ungewöhnliche Herzensbildung und viel natürlichen Hausverstand mit. Ehe es so weit kommen konnte, musste dem Kleinkind aber noch einmal von einem unbekannten Besatzungssoldaten – die Steiermark war von Juli 1945 bis Oktober 1955 britische Zone – das Leben gerettet werden. Ein Orkan fegte über die Baracke und die „Mutti" war bei der Arbeit, die weinende Waltraud war allein zu Hause und der Brite rettete sie aus tödlicher Gefahr und trug sie ins Vorhaus des gemauerten Nachbarhauses. Wenige Minuten später riss der Sturm das Dach von der Holzbaracke.

Nachdem die Baracke im November 1955 abgerissen wurde,

„Die Mutti" – Waltraud Klasnics geliebte Adoptivmutter

musste die Adoptivmutter mit Waltraud umsiedeln, bis der Keller auf dem „errackerten" Baugrund in Weinitzen in der Nähe von Graz-Mariatrost fertig war. Sie lebten zunächst im Keller – der Weiterbau zu einem kleinen Häuschen gestaltete sich zu einer die physischen und psychischen Grenzen fordernden Angelegenheit.

Das mittlerweile mehrfach erweiterte Anwesen ist noch heute Domizil der Klasnics – auch der älteste Sohn Simon wohnt heute mit seiner Familie dort.

Waltraud – „Ich war zuerst ein ziemlich schlimmes Mensch (= Dirndl)" – besuchte zunächst nach der Volksschule das Gymnasium, musste aber als „ziemlich faule Schülerin" in die Hauptschule wechseln, wo ihr der „Knopf" aufging. So legte sie nach absolvierter Pflichtschulausbildung erfolgreich die Aufnahmeprüfung für die Lehrerbildungsanstalt ab, doch die „Mutti" musste ihr wegen der beengten materiellen Verhältnisse sagen, dass sie in die Lehre gehen sollte. Sie absolvierte auch ein Lehrjahr bei einem Mariatroster Lebensmittelhändler, dann aber erkrankte die „Mutti" schwer. Klasnic musste die Lehre abbrechen und als Verkaufs-Hilfskraft in das Kinderfachgeschäft „Zum Storch" in die Grazer Innenstadt wechseln.

Von ihrer dortigen Chefin – die sie als „gnädige Frau" ansprach, die aber Waltraud als talentiertes und fleißiges Mädchen irgendwie sehr mochte – lernte sie ergänzend zum von der „Mutti" Mitgegebenen noch sehr viel an Herzensbildung.

1961 trat Simon Klasnic, Sohn eines kleinen Transportunternehmers, in das Leben der knapp 16-Jährigen. Wenige Monate nach ihrem 17. Geburtstag heiratete sie ihn. Sie war noch keine 18, als sie das erste gemeinsame Kind gebar, das auf den Namen Simon getauft wurde. Ein Jahr später stellte sich Sohn Horst ein. Waltraud Klasnic versuchte, Familie und Beruf ohne Karenzzeit zu vereinbaren, weil alles Geld gebraucht wurde, da sich das Ehepaar entschieden hatte, selbst ein kleines Transportunternehmen aufzubauen. Man wird nicht fehl in der Annahme gehen, dass Waltraud die treibende Kraft war. 1967 starb die „Mutti" – und Waltraud wollte sich einen Reisepass besorgen. Dazu musste sie ihren Vater aufsuchen, dem sie im Alter von 22 Jahren erstmals begegnete. Er war sozialdemokratischer Vizebürgermeister der oststeirischen Gemeinde Gleisdorf und im Elin-Werk der benachbarten Bezirkshauptstadt Weiz berufstätig. Sozialdemokratisch war aus der Sicht Waltrauds sicher nichts Unsympathisches, hatte sie doch auf Geheiß ihrer „Mutti" – „Das ist die Partei, die für uns kleine Leute etwas tut" – schon SPÖ gewählt. Wie auch immer, der Vater erzählte dem vermeintlichen Einzelkind – die „Mutti" war derartigen Informationswünschen gegenüber immer strikt abweisend gewesen –, dass es insgesamt sechs Geschwister respektive Halbgeschwister habe, vier davon aus der geschiedenen Ehe mit ihrer Mutter, die mit zwei Söhnen in ihre Heimat Bayern zurückgegangen war. In den Monaten darauf lernte Waltraud ihre

Geschwister und auch die leibliche Mutter kennen, die sie 1989 nach einem Schlaganfall in das von ihr zu diesem Zeitpunkt mitbetriebene private Pflegeheim nach Graz holte. Nach mehreren Jahren ging die Mutter wieder zurück nach Deutschland, wo sie ihren Lebensabend verbringen wollte. Die Nachricht von ihrem Tod in München ereilte Waltraud Klasnic übrigens, als der deutsche Bundeskanzler Helmut Kohl 1996 in der Steiermark auf offiziellem Besuch war.

1969 kam Tochter Michaela auf die Welt. Das kleine Transportunternehmen – für das Waltraud Klasnic extra einen LKW-Führerschein erwarb – entwickelte sich und die unternehmungslustige junge Frau begann ihr politisches Engagement. Als Unternehmerin und beeindruckt von Landeshauptmann Josef Krainer I war es die ÖVP, in der sie am 8. März 1970 – eine Woche, nachdem Josef Klaus bei den Nationalratswahlen für die ÖVP den Bundeskanzler auf 30 Jahre verlor, und eine Woche, bevor Josef Krainer I bei den Landtagswahlen den steirischen Landeshauptmann für die VP rettete – in Weinitzen eine Ortsgruppe der Frauenbewegung gründete. Dass der 8. März Weltfrauentag ist, wurde Klasnic erst Jahre später klar. Ende März 1970 kandidierte sie für den Gemeinderat in Weinitzen und wurde im Alter von etwas über 24 Jahren die steiermarkweit jüngste Gemeinderätin der VP. Frauen in politischen Ämtern hatten in der ÖVP damals etwas Exotisches an sich: Unter den weit über 2000 VP-Gemeinderäten in den steirischen Gemeinden gab es gerade 12 Frauen.

Die Unterschätzte

Und nun stieg Waltraud Klasnic Stufe für Stufe die Karriereleiter hoch. In den meisten Funktionen vereinte sie Weiblichkeit, wirtschaftliche Kompetenz und soziales Herz. Helfen können in schwierigen Lebenslagen, gelebte Solidarität, ist ihr vordingliches Anliegen. 1974 wurde sie daher Landesleiterin der Katastrophenhilfe Österreichischer Frauen, später Bundesleiterin – eine Funktion, die sie bis 2006 innehatte, heute ist sie immer noch stellvertretende Bundesleiterin. 1977 wurde sie Landesleiterin der VP-Frauenbewegung in der Steiermark, zuvor hatte sie bereits Funktionen als stellvertretende

Landesleiterin und Bezirksleiterin im Bezirk Graz-Umgebung inne. Im selben Jahre entsandte sie die Parteiführung Niederl/Krainer in den Bundesrat, die ein Schattendasein führende Länderkammer des österreichischen Parlaments, die meist als Gehschule oder Ausgedinge für Politiker dient. Der viele Jahrzehnte wirkende VP-Bundesratsfraktionsführer, Universitätsprofessor Herbert Schambeck, war von ihr derart angetan, dass er sie als seine potentielle Nachfolgerin *in pectore* hatte.

Bereits 1981 aber wurde Klasnic, die auch in der Wirtschaftskammer Funktionen wahrnahm, in Graz als Landtagsabgeordnete angelobt. 1983 rückte sie auf Vorschlag Josef Krainers zur Dritten Landtagspräsidentin auf – der ersten VP-Frau in dieser Funktion. 1988 nominierte er sie – ebenfalls als erste VP-Frau – als Landesrätin für Wirtschaft und Fremdenverkehr. Nicht wenige meinten skeptisch, ob Klasnic damit nicht überfordert wäre. Aber Klasnic wurde, wie so oft, unterschätzt – mit Eifer, Lernbegierde, Bravour und ungeheurer Kontaktfreude stürzte sie sich in die Arbeit. Nicht zuletzt die Anerkennung, die sie dabei erwarb, führte dazu, dass sie 1990 wiederum zur Überraschung vieler zur Landesobfrau des steirischen Wirtschaftsbundes gewählt wurde, wohl auch, weil die männlichen Aspiranten sich untereinander nicht einigen konnten.

Nach der Landtagswahl 1991 übernahm sie von Landeshauptmann Krainer noch das Straßenbau- und Verkehrsressort – eine nicht sehr dankbare Aufgabe. Denn die Autobahnen durch die Steiermark waren weitgehend fertiggestellt, aber es gab jahrzehntelange fruchtlose Debatten um die bis heute nicht errichtete „Ennsnahe-Trasse" zwischen Schladming und Liezen. Es bestanden Benachteiligungen der Süd- und Ostbahn und der Widerstand gegen den geplanten Semmeringbahntunnel formierte sich immer stärker. Es gab auch in diesen Jahren jede Menge Spekulationen über ihre bevorstehende Ablöse. Bei einer Pressekonferenz wurde Klasnic beispielsweise gefragt, wann sie aufgebe, und sie antwortete schlagfertig und maliziös: „Aufgeben tut man einen Brief!" Josef Krainer beendete die Gerüchtewelle, in dem er sie 1993 als Landeshauptmann-Stellvertreterin nominierte.

Über all dies schrieben die „Salzburger Nachrichten", die in der Steiermark mit ihrem versierten Korrespondenten Martin Behr ver-

1981 wurde Waltraud Klasnic als Landtagsabgeordnete angelobt.

treten sind, im Dezember 1995: „Die heute 50jährige hat es durch Fleiß, unglaubliche Zähigkeit und energisches Auftreten bewirkt, dass ihr in der Steiermark heute niemand mehr Kompetenz abspricht. Couragiertes und beherztes Auftreten, gepaart mit jenem sicheren ‚G'spür' für die oft unsichtbaren Probleme ‚kleiner Leute', haben Waltraud Klasnic auch in der Öffentlichkeit viel Sympathie eingetragen. Auffallend ist Klasnics vehementes Engagement für das Schicksal verlassener Kinder und alleinerziehender Mütter."

Wenn man diese politische Karriere bis 1995 resümiert, ist die Wahl Klasnics zum Landeshauptmann knapp nach ihrem 50. Geburtstag eigentlich ein logischer Schritt. (Interessanterweise wurden auch Friedrich Niederl und Josef Krainer, aber auch ihr SP-Nachfolger Franz Voves und ihr Nachfolger als steirischer VP-Chef, Hermann Schützenhöfer, allesamt rund um das 50. Lebensjahr in diese Spitzenfunktionen gewählt.)

Neubeginn mit altbekannten Namen

Mit Waltraud Klasnic als der ersten weiblichen Landeschefin Österreichs wurde in der Steiermark und in der Steirischen Volkspartei ein nach außen hin spektakulärer Neubeginn gesetzt. Es war aber, was ihr Führungsteam betrifft, ein Neubeginn mit altbekannten Gesichtern: Gerhard Hirschmann und Erich Pöltl in der Landesregierung, Hermann Schützenhöfer an der Spitze des VP-Landtagsklubs und Reinhold Lopatka – Wahlkampfleiter der so verlustreichen Landtagswahl vom Dezember 1995 – als VP-Landesgeschäftsführer, ebenso bei den wichtigsten Mitarbeiterinnen und Mitarbeitern im Landeshauptmann-Büro von Büroleiter Hannes Andrieu über die immer freundliche Chefsekretärin Anneliese Weixler bis zum rund um die Uhr dienstbereiten „Chef des persönlichen Dienstes" Hubert Schadenbauer. Ihnen allen gab sie eine neue Chance, lediglich ihre langjährige Vertraute Ingrid Koiner nahm sie in ihr neues Büro mit.

Neubesetzt wurde das durch Klasnics Wahl zum Landeshauptmann freigewordene Wirtschaftsressort – mit Herbert Paierl als Landesrat, der viele Jahre Krainers Büro geleitet und sich ab 1993 als Vorstandssprecher mit einer Fitnesskur für den träge gewordenen Landesenergieversorger STEWEAG profiliert hatte. Hirschmann und Paierl versuchten, sich in den nächsten Jahren mit einem Feuerwerk von innovativen Ideen in ihren Ressorts, aber auch mit radikalen Vorschlägen und Sprüchen für die Politik generell zu übertrumpfen. Das war über weite Strecken für das Image der Steirischen Volkspartei als eine von einer integrativen Persönlichkeit – nämlich Waltraud Klasnic – geführte Partei mit kantigen Exponenten hilfreich, trug aber bereits 1996 den Keim des 2003 offen ausgebro-

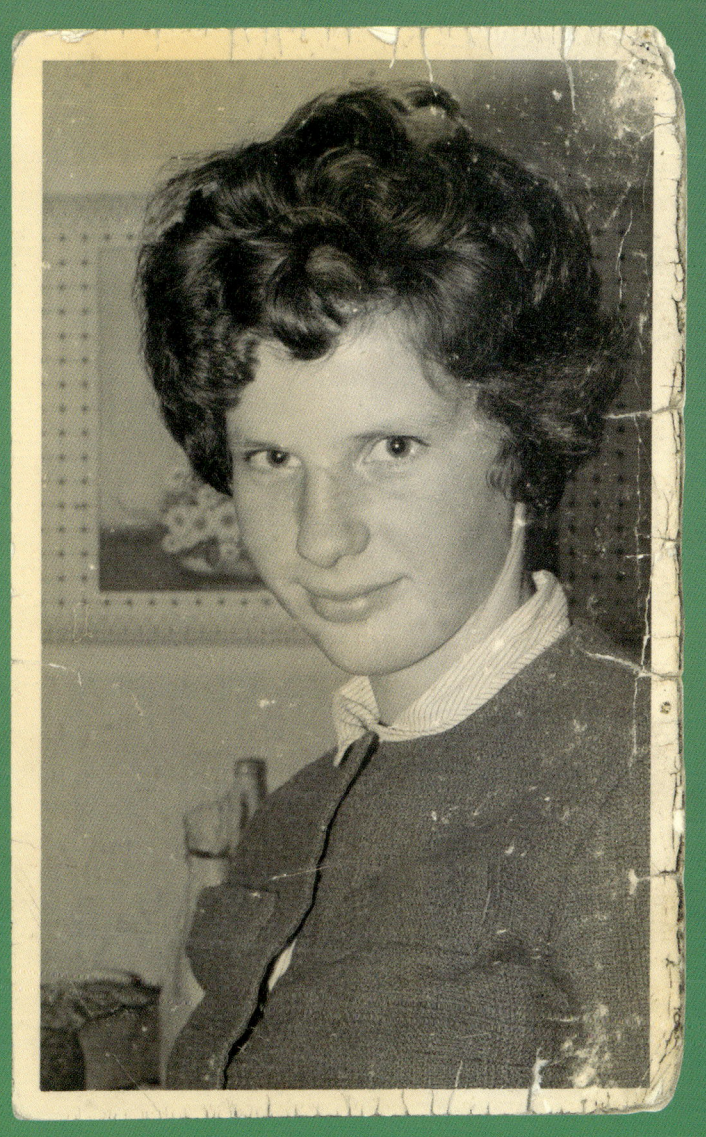

Der Teenager Waltraud Klasnic

Waltraud und ihr Ehemann Simon Klasnic 1963 mit dem damals modernen Vauxhall

Das Ehepaar Klasnic mit den beiden Söhnen Simon und Horst

SIE brauchen RAT und HILFE?
Schreiben Sie oder rufen Sie an!

WALTRAUD KLASNIC

Katastrophenhilfe   Österreichische
österr. Frauen (KÖF)   Frauenbewegung (ÖFB)

Tel. 0 31 22 / 71 3 90

8010 Graz
Karmeliterplatz 6

Wandern vor allem am Grazer „Hausberg" Schöckl unweit ihres Wohnsitzes war stets ein Hobby von Waltraud Klasnic – hier mit der mittlerweile vollzähligen Kinderschar Simon (Jg. 1963), Horst (Jg. 1965) und Michaela (Jg. 1969).

chenen selbstzerstörerischen Konflikts in sich. Obwohl ihr immer wieder von kompetenter und weniger kompetenter Seite geraten wurde, großflächiger Personal zu wechseln, entschied sich Klasnic zunächst für personelle Kontinuität, versuchte aber einen neuen Stil und Ton in die bisher von männlichen Ritualen geprägte Politik zu bringen.

Klasnic ging ihre Aufgabe als Landeshauptmann mit ungeheurem Tempo an. Klasnic da, Klasnic dort, Klasnic überall, kein Dorf- und Feuerwehrfest war vor ihr sicher, sie tourte unablässig durchs ganze Land. Ihr Kontrahent Schachner-Blazizek seufzte einmal: „Es geht mir ein bisschen so wie Hase und Igel. Überall, wo ich hinkomme, war sie schon da." Dennoch war sich der Herr Universitätsprofessor ziemlich sicher, dass er die Pflichtschulabsolventin kraft Kompetenz übertrumpfen und bei der nächsten Landtagswahl überholen werde.

Der politische Stil des „Miteinander" und des Zuhörens, Helfens und offen Zugehens auf die Menschen wurde zunächst von Kommentatoren vielfach als „unpolitisch" belächelt. Dabei wurde mit dem „Miteinander" nicht nur zutiefst Klasnics innerem Naturell entsprochen, sondern auch aus der politischen Not der prekären Mehrheitsverhältnisse eine Tugend gemacht. Denn nicht nur im Landtag waren seit 1996 ÖVP und SPÖ gleich stark, sondern auch in der Landesregierung standen vier ÖVP-Regierungsmitglieder vier SPÖ-Regierungsmitgliedern und einem Freiheitlichen Landesrat gegenüber, wobei es keinerlei fixe Partnerschaften oder Koalitionsvereinbarungen gab, sondern im Gegenteil der FPÖ-Landesrat und Landesparteiobmann Dipl.-Ing. Michael Schmid schon bald nach dem 23. Jänner 1996 die Parole ausgab, niemals wieder Waltraud Klasnic zum Landeshauptmann zu wählen. Durch das Miteinander wurden 1996 bis 2000 dennoch 99,3 Prozent der rund 80.000 Beschlüsse der Landesregierung unter Klasnics Vorsitz einstimmig gefasst.

In der Partei machte sich da und dort Sorge über möglicherweise fehlende Systematik, Programmatik und Strategie breit, aber nicht zuletzt aufgrund des Traumas der verlorenen Wahl vom 17. Dezember 1995 und ihrer gewinnenden Persönlichkeit halfen auch die konträrsten innerparteilichen Typen zusammen, um den Landeshauptmann abzusichern.

Oben: Das beim Landesparteitag 1996 neugewählte Führungsteam der Steirer VP – v. l. Finanzreferent Georg Doppelhofer, Obmannstellvertreter Günther Köberl und Martin Bartenstein, die neue Parteichefin Waltraud Klasnic, Ehrenobmann Josef Krainer und Landesparteigeschäftsführer Reinhold Lopatka.

Unten: Freude über gemeinsame Erfolge: Waltraud Klasnic mit ihren seit 1996 wichtigsten Mitstreitern im Land: Herbert Paierl, Erich Pöltl, Reinhold Lopatka, Andreas Schnider, Hermann Schützenhöfer, Bernd Schilcher und Gerhard Hirschmann.

Verheißungsvolle Zwischenbilanz: ein Jahr Klasnic

In diesem Stimmungsklima konnte Klasnic persönlich sehr rasch punkten. Eine OGM-Umfrage vom Jänner 1997 – ein Jahr nach dem Amtsantritt Klasnics – ergab, dass bei einer fiktiven Landeshauptmann-Direktwahl Klasnics mit 45 Prozent gegenüber Schachner-Blazizek mit 20 Prozent voranlag (ein Zuwachs für Klasnic von 6 Prozent und ein Minus für Schachner-Blazizek von 8 Prozent gegenüber einer OGM-Umfrage vom Jänner 1996). An Parteipräferenz wurden 38 Prozent ÖVP (plus 1,7 Prozent), 33 Prozent SPÖ (minus 2,9 Prozent), 20 Prozent FPÖ (minus 2,8 Prozent), 5 Prozent Grüne (plus 0,7 Prozent), 3 Prozent LIF (minus 0,8 Prozent) – hier deutete sich bereits das Ausscheiden des LIF aus dem Landtag an – ausgewiesen.

Der Chefredakteur der „Kleinen Zeitung" von 1998 bis 2006 und zuvor schon viele Jahre lang der führende landespolitische Kommentator, Erwin Zankel, schrieb zum ersten Jahrestag der Landeschefin am 24. Jänner 1997: „Klasnic ist eine pragmatische und vor allem sehr realistische Politikerin. Sie kennt ihre Grenzen und ist klug genug, sie nicht zu überschreiten. Sie scheut Konflikte und weicht Kraftproben aus. Viele meinen ohnehin, es würde in der Politik nur gestritten. Klasnic erfüllt diese Sehnsucht nach Harmonie. Sie wird nicht müde, ihr ‚Miteinander' zu predigen. Die Früchte ihres Bemühens kann Klasnic bereits nach ihrem ersten Jahr als Landeshauptfrau ernten. Sie war rastlos unterwegs, landauf, landab. (…) Sie strahlte Herzlichkeit aus und erzwang damit Sympathie. Die nach dem Wahlschock niedergeschlagene ÖVP schwelgt in einem neuen ‚Wir-Gefühl'. So eins waren die Funktionäre schon lange nicht mit ihrem Spitzenkandidaten. Da Klasnic über die Parteigrenzen hinaus vor allem bei Frauen Zustimmung fand, kann sie mit ihrer Bilanz hochzufrieden sein. Sie hat den knappen Abstand zu Peter Schachner-Blazizek, der Klasnic bei der Wahl des Landeshauptmannes die Stimme versagte, dann aber ein gutes Verhältnis zu ihr fand, deutlich vergrößern können. Einen Teil ihres Versprechens hat die Landesmutti voll und ganz erfüllt. Die Familie Steiermark fühlt sich wohl."

Und wirtschaftlich zeigten sich die Früchte des Strukturwandels. Der von Klasnic vor allem gemeinsam mit dem für „neues Denken" ungemein aufgeschlossenen Präsidenten der steirischen Industriellenvereinigung, Werner Tessmar-Pfohl, initiierte und von Herbert Paierl mit viel Geschick „gepushte Autocluster" war in aller Munde. Die wirtschaftliche „Erholung" der Steiermark wurde auch überregional wahrgenommen, z. B. im „Standard" am 30. Juni 1997: „Ein Beschäftigungswunder in der ehemaligen Krisenregion. Die Steiermark hat den Strukturwandel ihrer Wirtschaft geschafft. Durch eine kluge Wirtschaftsförderung ist es gelungen, im Bereich industrieller Dienstleistungen, automotiver Produkte und der Medizintechnik relativ krisenfeste Arbeitsplätze zu schaffen und von der Grundstoffindustrie wegzukommen."

Ähnlich äußerte sich das „Wirtschaftsblatt" am 18. Oktober 1997: „Der Begriff Krisenregion kann aus dem steirischen Vokabular gestrichen werden. Wirtschaftsforscher stellen der Steiermark das beste Konjunkturzeugnis Österreichs aus."

Das Österreichische Institut für Wirtschaftsforschung stellte im Monatsbericht 3/98 lapidar fest: „Innerhalb eines Jahrzehnts hat sich die Steiermark von der Region mit den gravierendsten Problemen des österreichischen Arbeitsmarktes zu jenem Bundesland entwickelt, in dem in einem Jahr die meisten zusätzlichen Arbeitsplätze geschaffen wurden."

Und dann kam das Ereignis, welches das Bild Waltraud Klasnics in der Öffentlichkeit am stärksten festigen sollte – die Bergwerkskatastrophe von Lassing.

Das „Wunder" und der Mythos von Lassing

Man schrieb Freitag, den 17. Juli 1998. Österreich hatte gerade den EU-Vorsitz. Der österreichische Umweltminister und Stellvertreter Klasnics im VP-Landesparteivorsitz, Martin Bartenstein, hatte seine EU-Kollegen zu einem informellen Ministerrat in die Steiermark eingeladen – fast alle waren gekommen, unter ihnen auch die damalige deutsche Umweltministern Angela Merkel, die mit Bartenstein eine Freundschaft verbindet. Am Abend stand ein festliches Abendessen in der repräsentativsten „Location" der Steiermark, dem Grazer Schloss Eggenberg, bei Kerzenlicht mit Gastgeberin Waltraud Klasnic am Programm. Merkel feierte überdies ihren 44. Geburtstag.

Tagsüber war vermeldet worden, dass im Talk-Untertagebergbau im obersteirischen Lassing ein Bergarbeiter verschüttet worden war. Klasnic wurde von einer eigentümlichen Unruhe erfasst, wollte gleich „hinauffahren", beließ es aber vorerst bei der Entsendung des für den Katastrophenschutz zuständigen obersten Landesbeamten. Als nach 22 Uhr die Nachricht übermittelt wurde, dass die zehn Bergleute, die in die Grube zur Bergung des eingeschlossenen Knappen eingefahren waren, ebenfalls verschüttet worden waren und dass es einen gewaltigen Wassereinbruch im Bergwerk gegeben hatte, gab es für sie kein Halten mehr. Sie ließ das Dessert beim Dinner stehen, entschuldigte sich, eilte nach Hause, um die Kleidung zu wechseln, und traf gegen ein Uhr morgens in Lassing ein. Dort herrschten Ratlosigkeit, Chaos und tiefe Betroffenheit – man ging davon aus, dass alle elf Bergleute tot seien, konnte sich weder das Unglück noch sinnvolle Rettungsmaßnahmen erklären. In einem Haus waren die Angehörigen der Verschütteten – meist Partnerinnen und Mütter – versammelt. Angesichts der offensichtlichen Hilflosigkeit wagte kaum jemand, mit ihnen zu sprechen. Klasnic ging beherzt zu ihnen, gab ihnen keine übertriebene Hoffnung, sprach aber einfühlsame Worte des Trostes. Vor allem versprach sie, alle Möglichkeiten der Rettungsmaßnahmen auszuschöpfen. Ihr war zu dieser frühmorgendlichen Stunde nicht bewusst, dass sie aufgrund der seltsamen Kompetenzlage des österreichischen Föderalismus hierfür wenig rechtliche Handhabe hatte.

Das erkannte sie am Samstagvormittag, als sie nach nur drei Stunden Schlaf wieder nach Lassing kam. Während der Landeshauptmann bei Naturkatastrophen wie Hochwasser vieles anordnen und auch das Bundesheer zum Assistenzeinssatz rufen kann, ist beim „Bergrecht" ausschließlich der Wirtschaftsminister mit seinen „Berghauptmannschaften" zuständig. Dieser Minister selbst war den ganzen Samstag über nicht erreichbar. Seine Beamten waren zwar bemüht, aber wenig entscheidungsfreudig und betrieben eine stümperhafte Informationspolitik, welche die Gerüchte wachsen ließ. Außerdem war Wochenende, sodass viele andere Verantwortliche und Kompetente auch nicht verfügbar waren. Als jemand von den Behördenvertretern eher kismetartig die Verschüttung der Bergleute hinnehmen wollte und sich der Frage der einzig sinnvollen Hilfsbohrungen nur sehr vorsichtig näherte, riss Klasnic die Geduld. Sie bildete kompetenzüberschreitend einen Einsatzstab unter ihrer Führung, setzte regelmäßige Medieninformationen im Stundentakt durch und ordnete an, eine Spezialbohrmaschine aus Deutschland, die man eigentlich wieder abbestellen wollte, sofort in Bewegung zu setzen. Der sozialdemokratische Bundeskanzler Viktor Klima und der sozialdemokratische Innenminister Karl Schlögl, die um die Mittagsstunde von Wien per Hubschrauber eingeflogen waren, nahmen dies wohlwollend zur Kenntnis. Vom steirischen SP-Landeshauptmann-Stellvertreter Schachner-Blazizek war an diesem Tag – es waren ja neben dem Wochenende auch Sommerferien – nichts zu sehen.

Und Klasnic sprach auch treffende Sätze wie „Ein Land weint" – was auch am Sonntag die Schlagzeile auf der Titelseite der steirischen Medien war – oder „Der Herrgott hat entschieden" und traf damit die Stimmungslage.

Unter Anteilnahme einer großen internationalen Mediengemeinschaft liefen die Rettungsbohrungen, wurden Rückschläge und Fehler vermeldet und vielerlei Spekulationen laut.

Von Tag zu Tag schwand die Hoffnung, noch jemanden lebend zu bergen. Am Sonntag, dem 26. Juli – also mehr als eine Woche nach der Grubenkatastrophe – war Klasnic am Abend wieder – wie fast

Das „Wunder von Lassing" im Juli 1998: Waltraud Klasnic mit Pfarrer Paul Scheichenberger (rechts) und OMV-Bohrleiter Leopold Abraham (links) in den Stunden der dramatischen Rettung von Georg Hainzl

jeden Tag – in Lassing. Und da ereignete sich Unglaubliches: In Anwesenheit der Landeschefin konnte vom nahezu rund um die Uhr arbeitenden Bohrungsleiter Leopold Abraham (vom österreichischen Ölkonzern OMV), der sich nicht demotivieren ließ, der als Erster verschüttete junge Bergmann Georg Hainzl aus einem Hohlraum in über hundert Meter Tiefe lebend und unverletzt geborgen werden. Der Jubel war unbeschreiblich, Freudentränen flossen in Strömen, ein Mythos war geboren – das „Wunder von Lassing", das den weiteren Rettungsbohrungen neuen Auftrieb und neue Hoffnung gab. Klasnic erwarb in den Augen vieler den Nimbus, eine moderne „Barbara" – die Schutzheilige der Bergleute – zu sein.

Auch wenn in den Tagen darauf immer offensichtlicher wurde, dass niemand mehr lebend geborgen werden könne, und der Medien-Hype zu Ende ging, kümmerte sich Klasnic um die Angehörigen, organisierte großzügige Unterstützungsmaßnahmen für sie und die Gemeinde. Der vollkommen zerstörte Untertage-Bergbau wurde stillgelegt. Courage, Kompetenz, Glaubwürdigkeit und Menschlichkeit haben sich gegen Bürokratie, Technokratie und Pfusch durchgesetzt, lautet die Botschaft von Lassing – Waltraud Klasnic war endgültig Landesmutter geworden. Die auflagenstärkste Info-Illustrierte Österreichs, „News", in der Hubert Wachter seit vielen Jahren mit viel Detailwissen über Styriaca schreibt, brachte es auf den Punkt: „Die steirische Landesmutter bewies als einzige politische Persönlichkeit bei der Tragödie von Lassing Kompetenz und Herz."

Ihre persönlichen und politischen Eigenheiten und Eigenschaften wurden immer mehr als besondere Qualitäten wahrgenommen.

Die Grande Dame in Österreichs Politik und Wirtschaft, Maria Schaumayer, stellte fest: „Wir finden in Landeshauptmann Waltraud Klasnic eine politische Persönlichkeit neuen Stils, ganz und gar unverwechselbar in ihren Prioritäten der Zuwendung zu den Menschen. Waltraud Klasnic verkörpert diesen für die Weiterentwicklung unseres Gemeinwesens so notwendigen neuen politischen Stil."

Klasnics direkter, ehrlicher und offener Zugang abseits des üblichen Politiker-„Neusprechs" und tradierten Funktionärsverhaltens sowie ihr authentischer Auftritt, mit dem sie sich wohltuend von den „spindoctorisierten" Politiker-Medienkunstfiguren ohne Substanz abhebt, wurden das entscheidende Plus. Besonders eindrucksvoll arbeitete das Hans Rauscher in seinem Buch mit dem Titel *Waltraud Klasnic – Eine Frau neuen Stils an der Spitze der Steiermark* heraus: „In der österreichischen Landschaft der gestylten Medienpolitiker und der politischen Krawallmacher setzt Waltraud Klasnic einen Stil des ungekünstelten direkten Zugangs zu den Menschen, der manchmal irreführend schlicht wirkt, aber niemals naiv ist. Sie ist ein Mensch der Integration und sie hat völlig unaufgeregt entschieden, ihre Persönlichkeit auch in der Politik zu leben. Diese Persönlichkeit wurde geprägt durch eine heute nicht mehr vorstellbare Armut in der Kindheit und Jugend und durch ein zähes Hinaufarbeiten. Das ist eine spannende – und in Wahrheit bewegende – Geschichte einer bemerkenswerten Entwicklung. Spannend ist aber auch die Geschichte der Steiermark in den letzten zehn Jahren – der Wandel von einer Krisenregion in ein Land mit wirtschaftlicher

Erfolgsstory, mit Klasnic als Wirtschaftslandesrat und Landeshauptmann."

Und der Österreich-Korrespondent der „FAZ", Reinhard Olt, konstatierte: „Was Frau Klasnic von vielen Angehörigen der politischen Klasse Österreichs unterscheidet und sie im Umgang mit dem ‚kleinen Mann' auszeichnet, ist ihr Sinn für dessen scheinbar kleine Anliegen, auch ihre Instinktsicherheit für das richtige Wort zur rechten Zeit."

Semmeringbahntunnel – eine unendliche Geschichte

Trotz allem war die im Herbst 2000 bevorstehende Landtagswahl für Klasnic bei weitem noch nicht gelaufen. Große Sorgen, Ärger und Kränkungen brachte vor allem die Auseinandersetzung mit dem niederösterreichischen Landeshauptmann Erwin Pröll über den Semmeringbahntunnel. Pröll hatte seine Agitation gegen dieses Projekt, für dessen Sondierstollen Klasnic auf steirischer Seite als Tunnelpatin fungierte, für einen niederösterreichischen Landtagswahlkampf eingesetzt und gewonnen. Mit fragwürdigen Naturschutzbescheiden und Gesetzesänderungen, die mehrfach von den Höchstgerichten kassiert wurden, ohne dass Pröll einlenkte, wurde der Baubeginn auf der niederösterreichischen Seite des Semmerings blockiert. Das Ringen um den Semmeringbahntunnel ist zur unendlichen Geschichte geworden, der Einsatz für ihn gemahnt an Don Quichottes Kampf gegen Windmühlen. Die Pröll'sche Verhinderungsstrategie, der sie ohnmächtig zusehen musste, wurde Klasnic von ihren politischen Mitbewerbern in der Steiermark genüsslich und drastisch als Durchsetzungsschwäche vorgehalten. Dabei erhielt sie bundespolitisch wenig Sukkurs – die SPÖ-Bundeskanzler und Verkehrsminister, welche noch dazu häufig wechselten, legten zwar Lippenbekenntnisse zum Tunnel ab, verwiesen aber achselzuckend auf den niederösterreichischen Landeshauptmann, mit dem man sich nicht gern anlegte; schon gar nicht in der ÖVP, galt und gilt er doch als einer der innerparteilich „Mächtigsten" und als Königmacher. So hatte auch Wolfgang Schüssel für Waltraud Klasnic – trotz einer sicherlich gegebenen selten großen persönlichen Zuneigung – in dieser Frage hauptsächlich schöne

Worte und Lippenbekenntnisse übrig. Klasnic antwortete auf ihre Weise: Sie teilte mit, dass sie 1999 nicht mehr als Bundesparteiobmann-Stellvertreterin Schüssels kandidieren werde – eine Funktion, die sie ohnehin nicht mehr brauchte, weil sie als Landesparteiobfrau auch so in den Spitzengremien der Bundespartei saß.

Distanz zur Großen Koalition

Und es wurde – wenn auch in anderer Tonalität als in Zeiten Josef Krainers – wieder die eigenständige steirische Linie gegenüber der Bundespolitik hervorgekehrt. Die Kritik an der Großen Koalition und ihrer Selbstblockade hatte immer mehr zugenommen. Klasnic initiierte gemeinsam mit Politikwissenschaftern und Journalisten Diskussionsforen, die in dem von dem bekannten Wiener Publizisten Alfred Payrleitner herausgegebenen Sammelband *Aufbruch aus der Erstarrung. Neue Wege in die österreichische Politik* mündeten, was schon vom Titel her eine Kampfansage an die Große Koalition war. Einer der Autoren war der angesehene deutsche Publizist Warnfried Dettling, der bereits in den 1970er und 1980er Jahren einer der führenden Grundsatzdenker der CDU unter Helmut Kohl und Heiner Geißler war, mittlerweile oft in „ZEIT" und „Welt" publizierte und mit dem die Steirische Volkspartei immer guten Kontakt hielt.

Die Steirische Volkspartei brachte unter Klasnic auch das im Rahmen des „Modells Steiermark" mit dem neuen jungen Geschäftsführer Christopher Drexler vom Grazer Verfassungsrechtler, Politologen und Mantl-Schüler Klaus Poier entwickelte Konzept eines minderheitenfreundlichen Mehrheitswahlrechtes erstmals ins Spiel. Dies soll die Bildung von Regierungsmehrheiten jenseits des Koalitionszwangs – insbesondere der Großen Koalition – ermöglichen und – im Gegensatz zum reinen Mehrheitswahlrecht, wie es in den USA, Großbritannien oder Frankreich praktiziert wird – trotzdem den kleineren Parteien wie den Grünen oder der FPÖ ermöglichen, im Parlament mitzuwirken. 1999 wurde dieses Modell als interessante Variante in journalistischen und politischen Fachzirkeln diskutiert, aber nach der Nationalratswahl ad acta gelegt. Eine wesentlich intensivere Debatte entwickelte sich erst um die Jahreswende 2006/07, als die ungeliebte Große Koalition wieder belebt wurde.

1999 setzte Klasnic auch eine wichtige Vorbereitungshandlung, um sich trotz des miserablen persönlichen Verhältnisses zum steirischen FP-Landesobmann Michael Schmid die Stimmen der FPÖ im Landtag für ihre Wiederwahl zum Landeshauptmann nach der Landtagwahl zu sichern. Als Jörg Haider 1999 die FPÖ bei den Landtagswahlen im Nachbarbundesland wiederum zur stärksten Partei machte, war Klasnic die erste VP-Politikern, die öffentlich kundtat, dass Haider das erste Anrecht habe, wieder Kärntner Landeshauptmann zu werden. Viele andere in der ÖVP hingen noch immer der „Ausgrenzungsstrategie" an. Klasnic entwickelte zu Haider auch eine persönlich sehr tragfähige Achse und führte damit die von Krainer begonnene Tradition fort.

Die Nationalratswahl vom 3. Oktober 1999 warf ihren Schatten voraus. Durch die Politik der Großen Koalition war ein Absturz von ÖVP und SPÖ und ein gewaltiger Zuwachs für die Haider-FPÖ prognostiziert. Das drückte auch auf die Stimmung in der Steiermark. Trotz der großen Sympathiewerte von Klasnic gab es Umfragen, die die SPÖ bei fiktiven Landtagswahlen in der Führungsposition sahen. Für Klasnics Team war klar: Alles musste auf die Landeshauptmannfrage und die direkte Konfrontation von Klasnic und Schachner-Blazizek gesetzt und zugleich deutliche Distanz zur VP-Bundespolitik gehalten werden.

Der 3. Oktober brachte dann tatsächlich das befürchtete Ergebnis: die historisch schlechtesten Wahlresultate für SPÖ und ÖVP, die SPÖ blieb stärkste Partei, aber erstmals überholte die FPÖ die ÖVP – wenn auch nur knapp um 400 Stimmen –, die auf den dritten Platz absank. Das Wahlresultat wäre für die VP noch schlimmer ausgefallen, hätte Schüssel nicht in den letzten Wochen des Wahlkampfs – als die VP in den Umfragen schon weit hinter der Haider-Partei lag – die Parole ausgegeben: „Wenn wir nur Dritter werden, gehen wir in Opposition." Damit hatte er verunsicherte und versprengte unzufriedene Parteigänger als Wähler wiedergewonnen, stand aber vor dem Dilemma, entweder nach der Wahl eine zentrale Ankündigung und Festlegung brechen zu müssen oder die VP tatsächlich in die Opposition zu führen.

Aus steirischer Sicht war alles klar: Die Fortsetzung der SP/VP-Koalition war unmöglich geworden. Klasnic ließ vom steirischen VP-Vorstand eine Resolution beschließen, die an Deutlichkeit nichts zu wünschen übrig ließ:
„Die Verluste von SPÖ und ÖVP zeigen auch einen deutlichen Protest gegen Stil und öffentliches Auftreten der bisherigen Regierungskoalition. Zugleich ist mit dem heutigen Wahlergebnis die nichtsozialistische Mehrheit in diesem Land so groß wie seit Jahrzehnten nicht mehr. Die Entscheidung des Wählers ist ernst zu nehmen. Es kommt darin auch massiver Protest und deutliche Kritik zum Ausdruck."

„Nichtsozialistische Mehrheit" war das Code-Wort für die Präferenz zugunsten einer Koalition ÖVP/FPÖ, die in vielen – vor allem katholischen und journalistischen – Kreisen wegen Haiders Ausfällen gegen „Ausländer" und gewissen Aussagen, die auch als kaum verhohlene Sympathiebekundungen für die „alten Kameraden" aus dem NS-Regime interpretiert werden konnten, als nicht salonfähig galt.

Ein Kanzlerangebot

Nach verschlungenen Umwegen ließ sich die VP wieder auf Koalitionsgespräche mit der SPÖ ein. Wolfgang Schüssel, der im Laufe der kommenden Jahre den Ruf des geschicktesten Strategen und Taktikers der österreichischen Politik seit Bruno Kreisky erwerben sollte, hielt sich insgeheim andere Optionen offen. Dies offenbarte sich auch bei einem vertraulichen Treffen Schüssels mit Klasnic Anfang Dezember 1999 – die Verhandlungen mit der SPÖ liefen gerade erst an – im oststeirischen Bezirk Hartberg. Dort sagte ihr der ÖVP-Bundesparteiobmann, dass eine Situation eintreten könne, in der er sie als Bundeskanzlerin einer VP/FP-Koalition vorschlagen würde. Das Kalkül war klar: Klasnic konnte mit Haider gut, sie wäre die erste Bundeskanzlerin Österreichs und würde viel weicher wahrgenommen werden als er, Schüssel. Klasnic lehnte nicht ab und bewahrte Stillschweigen – erst Wochen später wurde dieses Faktum im Nachrichtenmagazin „Format" „geoutet".

Um die Jahreswende 1999/2000 zeichnete sich allerdings eine Wiederauflage der SP/VP-Koalition ab – aus steirischer Perspektive der „worst case". Als Schüssel dem VP-Bundesparteivorstand den ausverhandelten Koalitionspakt vorlegte, stimmte Klasnic mit drei anderen Bundesvorstandsmitgliedern dagegen – es stand 21:4 pro Koalition. Der Pakt scheiterte aber an der verweigerten Unterschrift eines SP-Spitzengewerkschafters, weil diesem die Pensionsreformvorhaben als zu weitgehend erschienen, und an der unterschiedlichen Vorstellungen darüber, wer den Finanzminister stellen sollte.

Nun löste Schüssel die FP-Option ein – er selbst wurde Bundeskanzler, die damalige Haider-Vertraute Susanne Riess-Passer die erste Frau im Vizekanzleramt. Stürmische Wochen der Demonstrationen und EU-Sanktionen folgten – aber die „Wende" in der österreichischen Bundespolitik war eingeleitet und wurde von Klasnic und ihrem Team begrüßt und voll unterstützt. Es gab auch einen angenehmen Nebeneffekt: Der steirische Klasnic-Kontrahent Michael Schmid wurde Verkehrsminister, sodass die wöchentliche direkte Auseinandersetzung mit ihm in der steirischen Landesregierung ausfiel.

Der Schmid-Wechsel führte bei der steirischen FPÖ zu innerparteilichen Turbulenzen, von denen sie sich bis zu den Landtagswahlen nicht wieder erholte.

Der Wahltriumph 2000

Die Wahlstrategie der Steirischen Volkspartei für den 15.Oktober 2000 setzte klar auf Klasnic und auf eigenständige steirische landespolitische Entscheidung. Es wurde seitens der Steirischen Volkspartei versucht, den von allen Wahlkommentatoren verkündeten bundespolitischen Stimmungstest-Charakter der Wahl, welche die erste große nach der „Wende" war, so weit wie möglich in den Hintergrund zu drängen, während SPÖ, FPÖ und auch GRÜNE eindeutig bundespolitische Argumente in die Wahlauseinandersetzung brachten. Peter Schachner-Blazizek warb auf Plakaten sogar mit dem Aufruf: „Die rote Karte gegen das Schwarz-Blaue Horrorpaket." Mit dieser Strategie sollte Klasnic zu einer der Hauptverantwortlichen für die Wenderegierung und deren notwendige Konsolidierungsmaßnahmen gestempelt werden. Gleichzeitig wurde kolportiert, dass Klasnic in den Umfragen ohnehin haushoch voranliege.

Tatsächlich wurde erstmals in einer Gallup-Umfrage, die am 3. August 2000 in „News" publiziert wurde, der Klasnic-VP ein Wert von über 40, nähmlich 41 Prozent attestiert. Alle Umfragen bis knapp vor der Wahl oszillierten zwischen 39 bis max. 42 Prozent VP, 29 bis 33 Prozent SP, 17 bis 20 Prozent FP, 6 bis 8 Prozent Grüne. In der Schlussphase des Landtagswahlkampfes kam es noch zu einer Dramatisierung, als die Bundesregierung ihr „soziales Treffsicherheitspaket" präsentierte und dabei auch die Einführung von Studiengebühren ankündigte, die in der Steiermark seitens Waltraud Klasnic auf heftige Kritik und eine klare Abgrenzung stießen.

Am 15. Oktober 2000 erzielte Waltraud Klasnic mit einem Plus von über 11 Prozent den größten Zuwachs, den je ein Landeshauptmann in Österreich seit 1945 erreicht hatte.

Viel wurde darüber spekuliert, welchen Einfluss die Bundespolitik auf das steirische Wahlergebnis gehabt habe. Ganz ohne Zweifel haben die Rahmenbedingungen die ÖVP österreichweit stabilisiert und den seit 1986 schier unaufhaltsam scheinenden Siegeszug der

Spricht für sich – die Titelseite des steirischen Marktführers „Kleine Zeitung" am 16. Oktober 2000

FPÖ gestoppt, ja sogar einen leichten Abwärtstrend eingeleitet. Ganz evident wurde aber der Einfluss der Bundespolitik auf den steirischen Intensivwahlkampf. Die Ankündigung des „Belastungspaketes" mitten im Wahlkampf wurde spürbar für die Steirische Volkspartei negativ bewertet und hat dazu geführt, dass die SPÖ Steiermark sich in der letzten Phase des Wahlkampfs stabilisieren konnte, sodass die Verluste nicht in eine ganze Wahlkatastrophe mündeten. Das zeigten auch die Umfragen unmittelbar vor dem Wahltag.

Der Wahlsieg 2000 hat eine Mutter

Mit 47,29 Prozent und 27 Mandaten wurde von der Klasnic-VP die absolute Mandatsmehrheit im Landtag knapp verfehlt, aber nach zehn Jahren der fünfte Sitz und damit die absolute Mehrheit in der Landesregierung zurückerobert. Die SPÖ fiel auf 32,32 Prozent und 19 Mandate zurück und verlor erstmals seit 1945 einen Regierungssitz – sie hatte 55 Jahre lang vier inne gehabt und war nun auf drei abgesunken. Aus dem Mandats- und nahezu Stimmengleichstand 1995 waren acht Mandate und 99.785 Stimmen Differenz geworden. Die FPÖ verlor von 17,15 Prozent auf 12,41 Prozent und rettete knapp ihren 1991 errungenen Regierungssitz und sieben Mandate. Die Grünen kamen auf drei Mandate. Das Liberale Forum flog aus dem Landtag, wie es schon 1999 den Wiedereinzug in den Nationalrat nicht mehr geschafft hatte – im Gegensatz zu den Grünen wurde aus der FPÖ-Abspaltung LIF keine dauerhafte Parlamentspartei.

Als wichtigste Erkenntnis wurde der Satz „Auf die Persönlichkeit kommt es an" eindrucksvoll bestätigt, so wie es z. B. Peter Rabl im „Kurier" feststellte: „Der Sieg der Volkspartei hat nur eine Mutter – Waltraud Klasnic. In fünf Jahren als Landeshauptmann hat sich die oft als ‚Landesmutti' bespöttelte Instinkt- und Basispolitikerin zur politischen Schutzmantelmadonna der Steiermark hochgerackert. In einer ganz auf ihre Person zugeschnittenen Kampagne hat sie einen Erdrutsch zur ÖVP erkämpft und souverän den eindeutigen Anspruch auf die Führung des Landes wieder errungen. Dass hinter der populären Landesmutter ein beinhartes, hart arbeitendes Führungsteam das Land bestens verwaltet hat, verstärkte gewiss den Zug zur ÖVP."

Wahlverlierer Schachner-Blazizek kündigte an, dass er sich 2002 aus der Politik zurückziehen werde, was eine monatelange Nachfol-

Ausgelassenes Lachen in den Stunden des Wahltriumphs am 15. Oktober 2000

gediskussion zur Folge hatte. Gleichzeitig trimmte er die SPÖ auf einen fundamentalen Oppositionskurs und vergaß das im Tresor aufbewahrte Geheim-Papier, das er gemeinsam mit Klasnic 1996 unterzeichnet hatte und in dem Regeln der Kooperation festgelegt worden waren. Es war darin festgehalten, dass nach der Landtagswahl der Exponent der stimmenstärkeren Partei von ÖVP und SPÖ zum Landeshauptmann gewählt werden sollte. So konnte Klasnic bei ihrer Wiederwahl im November 2000 durch den Landtag nur auf die Stimmen von VP und FP zählen. Hermann Schützenhöfer erhielt die hinzugewonnene Landesrat-Position, Reinhold Lopatka, der den erfolgreichen Wahlkampf organisiert hatte, rückte zum Klubobmann auf. Um das Finanzressort, das die VP erstmals seit 1945 von der SPÖ holte, ritterten Gerhard Hirschmann und Herbert Paierl – Paierl setzte sich durch, Hirschmann erhielt allerdings die publikumswirksamen Kultur-Agenden und die Tourismus-Beteiligungen. Als Nachfolger Hasibas, der nicht mehr kandidiert hatte, wurde der langgediente und konziliante weststeirische Abgeordnete Reinhold Purr zum Landtagspräsidenten gewählt.

Mit dem Wahlsieg Klasnics war aber unübersehbar geworden, dass sie keine Platzhalterin im Landeshauptmann-Amt war. War doch vielfach spekuliert worden, dass Hirschmann sie im Jänner 1996 als Übergangslösung vorgeschlagen hätte, um bei passender Gelegenheit doch noch an die Spitze des Bundeslandes zu kommen. Diese Variante war mit der Landtagswahl 2000 endgültig vom Tisch.

Es folgten nun zwei Jahre des Hochgefühls innerhalb der Steirischen Volkspartei. Auch Ehrenobmann Josef Krainer, der sich in beispielhafter Disziplin fünf Jahre lang jeglicher öffentlicher politischer Äußerung enthalten, aber Klasnic, wo es ging, unterstützt hatte, konnte für sich die Frage, ob sein Werk erfolgreich weitergeführt wurde, positiv beantworten.

In der SPÖ hatte Peter Schachner-Blazizek allem Anschein nach ursprünglich Günter Dörflinger als seinen „Kronprinzen" aufbauen wollen. Der mediengewandte und smarte Dörflinger war sein Parteisekretär bei der erfolgreichen Landtagswahl 1995 gewesen und zur Belohnung 1996 in die Landesregierung geholt worden. Doch er fiel 2001 offensichtlich in „Ungnade", die SPÖ taumelte mehr oder minder ratlos in die Nachfolgediskussion. Die Steirische Volkspartei überschritt inzwischen laut einer in der „Steirer-Krone" von 2. September 2001 veröffentlichten IMAS-Umfrage mit 51 Prozent die Schallmauer der absoluten Stimmenmehrheit. Die „Steirer-Krone" schrieb, dass die „Ausnahmepersönlichkeit Klasnic sämtliche Mitbewerber aus dem Feld" schlagen und eine Landeshauptmann-Direktwahl mit 69:13 für sich entscheiden würde.

Da Dörflinger abwinkte und nicht gegen den Willen Schachner-Blazizeks für den SP-Vorsitz kandidieren wollte – damals rechneten sich die meisten aus, dass bei der Landtagswahl 2005 ohnehin keine Chance gegen Klasnic bestünde –, meldete das „alte Schlachtross" Hans Joachim Ressel an, SP-Spitzenmann werden zu wollen. Ressel war 1991 bis 2000 mächtiger Finanzlandesrat, SP-Wahlkampfleiter und Chef des großen Parteibezirks Graz-Umgebung gewesen, ehe er nach absehbarem Verlust des Finanzressorts noch während der Regierungsverhandlungen nach der Landtagswahl 2000 in Windeseile seinen Wechsel in den Vorstand des parteieigenen Leykam-Verlags bekannt gab. Jetzt begründete Ressel seine Comeback-Ambitionen mit der Behauptung: „In dieser schwierigen Lage muss ein Routinier die Konsolidierung und Stabilisierung der Partei einleiten."

Franz Voves – das neue Gegenüber

Schachner-Blazizek überraschte die Partei mit seinem Vorschlag, den bis dahin weithin unbekannten Franz Voves zum neuen steirischen SP-Spitzenmann zu küren. Voves, der Sohn eines Arbeiters, KP-Betriebsrates bei Steyr-Daimler-Puch und Gemeinderates in Graz, war als Schwiegersohn des mächtigen SP-Gewerkschafters Rudolf Sametz bis zum Vorstandsdirektor der im Naheverhältnis zur Privatangestellten-Gewerkschaft stehenden Merkur-Versicherung aufgerückt. Der studierte Betriebswirt hatte in seiner Jugend Eishockey gespielt und es bis ins Nationalteam geschafft – zum Zeitpunkt, als ihn Schachner-Blazizek ins Spiel brachte, war er Vorsitzender des steirischen Dachverbandes der ASKÖ (Arbeitsgemeinschaft für Sport und Körperkultur in Österreich), also der SP-nahen Sportvereine. Die Partei folgte Schachners Empfehlung, Dörflinger blieb aber – wie die „Kleine Zeitung" am 24. Februar 2002, gestützt auf eine Umfrage, titelte – „heimlicher Favorit der SPÖ-Basis". 39 Prozent der befragten SP-Sympathisanten votierten für Dörflinger, 22 Prozent für Voves.

Der neue SPÖ-Landeshauptmann-Stellverteter Voves näherte sich Klasnic und der VP zunächst samtpfötig. Er korrigierte den Schachner-Blazizek-Kurs der Total-Opposition auf einen der partiellen Zusammenarbeit. Voves stellte vorerst auch nicht den Anspruch, 2005 Landeshauptmann werden zu wollen, sondern nannte die übernächste, mit 2010 datierte Landtagswahl als sein Ziel. Er setzte sehr auf Sympathie, warb mit seiner Wirtschaftskompetenz und versuchte sich nach dem „Modell Klasnic" als untypischer Politiker zu inszenieren. Kalkül: Da er acht Jahre jünger sei als Klasnic, habe er auch Zeit, sich „als der neue männliche Klasnic" vorzustellen, da eine lange Zeit in der Politik naturgemäß früher oder später Abnützungserscheinungen in sich birgt.

Das Proporzsystem: Regierung und Opposition

Der Hinweis auf das Wechselspiel von Opposition und Zusammenarbeit in der Landesregierung – also das Paradoxon, dass es innerhalb einer Regierung Opposition geben kann – bedarf einer Erklärung: Nach der steirischen Landesverfassung und der Mehrzahl der Verfassungen der österreichischen Bundesländer sind alle Parteien ab einer gewissen Mandatsstärke proportional zum Wahlergebnis in der Landesregierung vertreten. Für alle österreichischen Gemeinden ist dieser Zwangsproporz sogar in der Bundesverfassung festgeschrieben. In der Steiermark hatte das zur Folge, dass es 1945-1949 und 1957 bis 1991 5:4 für die VP in der Regierung stand, während es 1949-1957 und 1991-2000 ein 4:4:1 Verhältnis gab und 2000 es erstmals zu einem 5:3:1 kam.

Die Ressortverteilung in der Landesregierung kann mit Regierungsmehrheit festgelegt werden. Als besonderer Ausdruck des „steirischen Klimas" der Zusammenarbeit galt, dass die Landeshauptmann-Partei ÖVP von 1945 bis 2000 der SPÖ das wichtige Finanzressort überließ – eine Konstellation, die es in keinem anderen österreichischen Bundesland gab und gibt.

Da dieses Proporzsystem die klare Zuordnung von Regierungsverantwortung und Opposition verwischt, kam es in den 1990er Jahren vor allem unter dem Eindruck der erstarkten FPÖ, die nun in vielen Bundesländern Landesregierungsmitglieder stellte, die ihre Positionen meist zu Oppositions-Agitation nützten, und unklarer Mehrheitsverhältnisse verstärkt zu Vorstößen, den Proporz abzuschaffen und/oder durch eine Landeshauptmann- bzw. Bürgermeister-Direktwahl die Position des jeweils Hauptverantwortlichen zu stärken. Das war auch die Position der Steirischen Volkspartei, die SPÖ bremste, weil sie befürchtete, auf diese Weise aus der Regierung gedrängt zu werden und damit wichtige Informations- und Kontroll-

Im Landtag 2002: Auf der Regierungsbank Landeshauptmann Waltraud Klasnic, Landesrat Hermann Schützenhöfer und der neue SP-Landeshauptmann-Stellvertreter Franz Voves. Über ihnen Reinhold Purr am Stuhl des Landtagspräsidenten.

rechte nebst einiger Benefizien und Ressortgestaltungsmöglichkeiten (die SP-Gemeinden, Gesundheit und Soziales werden seit 1945 ununterbrochen von SP-Referenten betreut) zu verlieren. Die Landeshauptmann-Direktwahl scheiterte in allen Bundesländern, weil die dafür nötige Änderung der Bundesverfassung keine Mehrheit bekam, der Landesregierungsproporz wurde rund um die Jahrtausendwende in Salzburg und Tirol abgeschafft, besteht aber in Kärnten, Steiermark, Nieder- und Oberösterreich sowie dem Burgenland und in etwas anderer Form in Wien weiter, die Bürgermeister-Direktwahl wurde mittlerweile in der Mehrheit der österreichischen Bundesländer – aber nicht in der Steiermark – eingeführt.

Der Schüssel-Sieg 2002

Nach zahlreichen Streitereien innerhalb der FPÖ und mit der FP-Fraktion der Bundesregierung – vor allem der Kärntner Landeshauptmann zeigte sich äußerst unzufrieden – kündigte Bundeskanzler Schüssel im September 2002 vorzeitige Neuwahlen für den Nationalrat an. Hintergrund für die FPÖ-Probleme war neben persönlichen Entfremdungstendenzen der Spagat zwischen erfolgreicher Oppositionspartei – die FP wuchs in der Zeit des Parteiobmannes Haider bei den Nationalratswahlen von 241.789 (1983) auf 1,244.087 Stimmen (1999) – und Regierungsverantwortung. Seit dem Eintritt in die Bundesregierung gab es in Wahlgängen auf Landes- und Gemeindeebene Rückschläge. Obwohl dies von Jörg Haider als Preis der Regierungsbeteiligung 2000 rational in Kauf genommen wurde – Riess-Passer und er, der im Gegensatz zum überwiegenden Rest seines Führungspersonals die FPÖ in die Bundesregierung gedrängt hatte, rechneten mit einem Verlust von einem Drittel der Stimmen –, kam es nach jedem Stimmenverlust bei Regionalwahlen zu überaus emotionalen Reaktionen, die den Abwärtstrend verstärkten. Die Etablierung der FPÖ als rechts-moderate Mittelpartei, wie es Riess-Passer anvisierte, ließ sich so nicht erreichen.

Schüssel strebte eine Verlängerung des „Wende-Mandats" an und holte sich Reinhold Lopatka, der sich mit der Klasnic-Wahl bundesweit als konsequenter und ideenreicher Organisator profiliert hatte, als Wahlkampfleiter. Knapp vor dem Wahltermin erklärte sich das populärste Mitglied der Bundesregierung, der junge Finanzminister Karl Heinz Grasser, der 2000 von der FPÖ nominiert worden war, bereit, als Unabhängiger in Schüssels Team einzutreten.

Mit diesem Drive brachte die Nationalratswahl vom 22. November 2002 der ÖVP einen sensationellen Zuwachs von 833.161 Stimmen oder 15,39 Prozent auf 2,076.833 und 42,30 Prozent. Die ÖVP war erstmals seit 1966 wieder stärkste politische Kraft bei Nationalratswahlen, die SPÖ kam auf 36,51 Prozent der Stimmen (1,792.499 Stimmen), die FPÖ sank um 16,90 Prozent auf 10,01 Prozent (491.328 Stimmen) ab, die Grünen kamen mit 9,47 Prozent knapp an sie heran. Noch besser für die VP war das steirische Wahlergebnis: ein gewaltiges Plus von 17,81 Prozent auf 44,61 Prozent.

Waltraud Klasnic und Wolfgang Schüssel verbindet über die Politik hinausgehend eine tiefe persönliche Freundschaft.

Waltraud Klasnic wurde von Wolfgang Schüssel in das Verhandlungskomitee für die Neubildung der Bundesregierung berufen. Nach wochenlangen ergebnislosen Verhandlungen mit SPÖ und Grünen (diese scheiterten ganz knapp vor dem Abschluss) kam es zu der – aufgrund des Wahlergebnisses und der vielen von der FPÖ zur ÖVP gewanderten Stimmen – eigentlich logischen Fortsetzung der ÖVP/FPÖ-Koalition. Ob aus einer längerfristigen Perspektive – vor allem, weil das „Elend" des FPÖ-internen Zerwürfnisses ungebremst weiterging und die wiedergebildete Koalition schon nach wenigen Wochen ihre strategische Mehrheit in allen Umfragen verlor – für die Schüssel-ÖVP eine andere Koalitionsentscheidung besser gewesen wäre, muss im Bereich der Spekulationen bleiben.

Die Position der Steiermark und Klasnics war jedenfalls zu kaum einem anderen Zeitpunkt so stark wie im ersten Halbjahr 2003, als sie überdies turnusgemäß den Vorsitz der Landeshauptleutekonferenz innehatte. Reinhold Lopatka wurde Generalsekretär der ÖVP, ihm folgte als VP-Landtagsklubobmann der talentierte junge Christopher Drexler nach, dessen Einstieg über die Schülerbewegung und die Junge ÖVP erfolgt war. Die Position eines Spitzenfunktionärs der Jungen ÖVP war in der Steiermark traditionell ein Sprungbrett für eine politische bzw. politnahe Karrierre, so kommen z. B. Reinhold Lopatka und Hermann Schützenhöfer genauso wie Gerold Ortner, Alfons Tropper, der früh verstorbene ÖAAB-Generalsekretär Walter Heinzinger, der gegenwärtige ÖAAB-Generalsekretär Werner Amon, Christian Buchmann und Alfred Grinschgl aus diesem „Stall".

Im ersten Halbjahr 2003 war unübersehbar, dass Waltraud Klasnic zwar in anderer Form als Josef Krainer, aber doch auch gezielte Nachwuchspflege betrieb. Am 26. Jänner wurde die Volkspartei erstmals bei Grazer Gemeinderatswahlen seit 1945 mit dem jungen Kaufmann Siegfried Nagl an der Spitze, dem viele eine ähnliche politische Ausstrahlung wie Karl Heinz Grasser zuschrieben, stärkste politische Kraft. Politische Entdeckerin und Förderin Nagls, der Grazer Bürgermeister wurde, war Waltraud Klasnic. Schon in den Jahren davor hatte Klasnic leise Personen ihres Vertrauens lanciert – etwa Hannes Missethon als Parteiobmann von Leoben, der bald in den Bundesrat und im Spätherbst 2002 in den Nationalrat einzog sowie 2007 zum Nachfolger Lopatkas als VP-Generalsekretär avancierte. Zu diesem Personenkreis zählte auch Universitätsprofessor Wolf Rauch, der Grazer Rektor und Vorsitzender der österreichischen Rektorenkonferenz sowie für den Landtag kandidierte.

Ein ganz besonderer Coup gelang Klasnic, als die Nachfolge Gerhard Hirschmanns zu regeln war, der im April 2003 gemäß seinem schon im Sommer 2002 geäußerten Wunsch in die Chefetage des Landesenergieversorgers ESTAG (Energie Steiermark) wechselte, wie der steirische Energiekonzern seit einigen Jahren hieß, zu dem u. a. die Töchter Steweag (Strom) und Ferngas gehören. Sie löste damit eine Zusage ein, die sie Hirschmann schon 1996 gegeben hatte, nämlich ihn zu unterstützen, wenn er eine attraktive Position außerhalb der Politik anstrebe. Diese Pakttreue sollte sie politisch bitter bezahlen.

Klasnic hatte schon Monate vor der Entscheidung über die Hirschmann-Nachfolge für sich ein Anforderungsprofil erstellt: weiblich, loyal, jung, aber dennoch mit den Interna und Abläufen der steirischen Politik vertraut. Und sie hatte die dazugehörige Person im Auge, die sie aber erst wenige Tage vor ihrem Vorschlag informierte. Mittlerweile wurden auf der medialen und politischen Gerüchtebörse zahlreiche Namen gehandelt – der ihrer Büroleiterin Kristina Edlinger-Ploder war nicht dabei. Der Überraschungseffekt bei ihrer Vorstellung war daher groß. Edlinger-Ploder wurde der erstmals seit 1945 zusammengefasste gesamte Bildungsbereich des Landes übertragen, der bisher auf mehrere Ressorts – vom landwirtschaftlichen Schulwesen über die gewerblichen Berufsschulen und die Pflichtschulen bis hin zu den Fachhochschulen – verstreut gewesen war.

Graz 2003: Kulturhauptstadt und die verschlungenen Wege zum Kunsthaus

Klasnic selbst übernahm in diesem Jahr, in dem Graz die Europäische Kulturhauptstadt war, das Kulturressort. Die europäische Auszeichnung hatte auch dazu geführt, dass jahrzehntelang in Landes- und Stadtpolitik zerredete und blockierte Projekte fertiggestellt wurden: vor allem die Grazer Stadthalle, eine neue Konzerthalle – die Helmut-List-Halle – und das architektonisch aufsehenerregende Grazer Kunsthaus, der *friendly alien* oder *bubble blue* genannte Bau am rechten Ufer der Mur, unmittelbar bei der Hauptbrücke, der alle Ingredienzien hat, nach dem Uhrturm am Schlossberg ein neues Wahrzeichen der Stadt zu werden.

Vor allem dem Kunsthaus-Bau – dem ersten seit nahezu fünf Jahrzehnten realisierten Projekt nennenswerter Größenordnung in diesem Bereich – war ein seit Mitte der 1980er Jahre tobender Streit vorausgegangen. Der kunstsinnige Landeshauptmann Josef Krainer II hatte eine Idee des steirischen Malers und Mitbegründers der Avantgarde-Künstlervereinigung Forum Stadtpark, Günter Waldorf, aufgegriffen. Das Forum Stadtpark hatte bekanntlich Graz in den

„Manuskripte-Preis" für die Literatur-Nobelpreisträgerin Elfriede Jelinek, die im obersteirischen Mürzzuschlag geboren wurde

1960er Jahren zur Literaturhauptstadt des deutschen Sprachraums gemacht – mit Alfred Kolleritsch als Mentor machten von hier aus u. a. Peter Handke, Gerhard Roth, Elfriede Jelinek, Barbara Frischmuth und Wolfgang Bauer ihren Weg. In den 1960er Jahren hatten auch die Trigon-Ausstellungen und Malerwochen (Trigon = das Dreiländereck des sich an den steirischen Grenzen kreuzenden südslawischen, oberitalienischen und österreichischen Kulturraums) den Höhepunkt ihrer Wirkkraft, die Jahrzehnte weiter reichte. Waldorf, der neben vielem anderen auch ein VP-Wahlwerbeplakat für und ein Monumentalporträt von Josef Krainer I schuf und Waltraud Klasnic sein Werk *Felix Styria* widmete, skizzierte zu seinem 60. Geburtstag 1984 den Gedanken eines Hauses für die bildende Kunst der steirischen Moderne und des Trigon-Raums. Krainer II hatte neben seiner Kunstaffinität auch ein Faible für Architektur und för-

Der aus der Oststeiermark stammende „Jedermann" Peter Simonischek mit seiner „Landesmutter"

derte die „steirische Schule der Architektur", die internationale Geltung erlangte, nach Kräften. Gestützt auf Überlegungen von Wolfdieter Dreibholz, einem kongenialen „Vernetzer" der steirischen Architektenszene in Landesregierungsdiensten, entstand zunächst das Projekt eines Kunsthauses im Pfauengarten unweit der Grazer Burg, am Rande des Stadtparks und in der Nähe des Schlossbergs, in unmittelbarer Umgebung des Altstadtkerns – die Grazer Altstadt wurde übrigens 1999 zum UNESCO-Weltkulturerbe erhoben. Allein, weder SP-Schachner-Blazizek noch FP-Schmid, der selbst Architekt war und Animositäten mit der von Krainer geförderten Architekturszene auslebte, wollten dem Landeshauptmann, der von 1991 bis 1995 selbst das Kulturressort betreut hatte, einen Erfolg gönnen. „Wir brauchen kein Krainer-Mausoleum", lautete ein bösartiges Ondit.

Als Schachner-Blazizek 1996 Kulturreferent wurde, machte er einen neuen Anlauf mit dem Plan eines neuen Standorts – nämlich am Grazer Schlossberg. Der negative Ausgang einer Volksbefragung stoppte dieses Projekt. Es wurde dann im Schulterschluss von Klasnic mit der Grazer Stadtpolitik – insbesondere mit Bürgermeister Alfred Stingl und Kulturstadtrat Helmut Strobl, die im Wesentlichen die Grazer Bewerbung für das Kulturhauptstadtjahr trugen und betrieben – für den dritten Standort an der Mur gearbeitet, damit der *friendly alien* zum Kulturhauptstadtjahr fertig sein konnte. Es waren steinige Wege, die schließlich zum Ziel führten.

Die jungen Wilden hinterm Semmering

Mit Edlinger-Ploder, Drexler, Nagl und Andreas Schnider – dem Theologen und Internetfreak als von ihr ausgesuchtem unkonventionellem, oft kritisiertem Parteisekretär – baute Klasnic eine junge Gruppe auf, die sozusagen eine neue „junge Generation" nach den Schilchers und Strobls aus den 1970er und 1980er Jahren und den Hirschmanns, Paierls und Schützenhöfers aus den 1990er Jahren bilden sollte. Bald wurden sie als die „jungen Wilden" hinter dem Semmering gehandelt, weil sie unbefangen Themen wie die Gleichstellung homosexueller Partnerschaften oder ganztägige und gesamtschulartige Schulformen aufgriffen, die seitens der Bundes-ÖVP von Bundeskanzler Schüssel zum Tabu erklärt worden waren. Die Argumentation der von Klasnic und Schützenhöfer gegen Anfeindungen aus Wien geschützten „jungen Wilden" war aber ähnlich wie die ihrer Vorgänger: Es gelte, den neuen gesellschaftlichen Realitäten ins Auge zu sehen und sie wertkonservativ, aber nicht strukturkonservativ zu gestalten.

Zu diesem positiven Bild passten die wirtschaftliche Erholung und die Cover-Story des Nachrichten-Magazins „profil" vom 18. August 2003 „Steirer: Die besten Österreicher. Von Schwarzenegger bis Stronach, von Mateschitz bis Muster: Warum produziert gerade die Steiermark so viele Traumkarrieren?" „Die Steirer sind immer schwer unterschätzt worden", konnte man dort lesen, und als weitere prominente lebende „Star-Steirer" wurden neben den bekann-

Waltraud Klasnic und Josef Krainer mit den Forum-Stadtpark-Mitbegründern Alfred Kolleritsch, Günter Waldorf und Emil Breisach

ten Literaten auch Nikolaus Harnoncourt, Klaus Maria Brandauer, Burgtheater-Direktor Klaus Bachler, aber auch der gebürtige Grazer Heinz Fischer, Nationalratspräsident und Bundespräsident seit 2004, und Waltraud Klasnic genannt.

Spekulationen um Präsidentschaftskandidatur

Die Popularität der strahlenden Landesmutter erreichte in diesem Zeitraum immer neue Höhepunkte. Eine Fessel-Umfrage ließ den Schluss zu, dass Klasnic die bundesweit beliebteste Politikerin sei. Bei der Ermittlung des Saldos der Antworten auf die Frage „Ich habe von XY eine gute Meinung" versus „keine gute Meinung" kam Klasnic in Prozent auf plus 49 vor Grasser mit plus 47. Der Wiener Bürgermeister Michael Häupl erreichte plus 30, die Außenministerin

Benita Ferrero Waldner plus 26, der Grünen-Chef Alexander Van der Bellen plus 16, während die Exponenten der anderen Parteien – Wolfgang Schüssel mit minus 3, Alfred Gusenbauer mit minus 24 und Jörg Haider mit minus 35 – deutlich polarisierten.

Es war daher wenig überraschend, dass auch der Name Klasnic in die Erwägungen über den ÖVP-Kandidaten für die im Frühjahr 2004 anstehende Wahl des neuen Bundespräsidenten nach dem seit 1992 amtierenden Thomas Klestil, der per Verfassung nicht erneut kandidieren durfte und gesundheitlich schwer angeschlagen war, Eingang fand.

Während es als sicher erschien, dass Heinz Fischer für die SPÖ ins Rennen gehen sollte, wurde innerhalb der ÖVP von mehreren Kandidaten gesprochen, die teilweise umfragemäßig abgetestet wurden – insbesondere Benita Ferrero-Waldner, der niederösterreichische Landeshauptmann Erwin Pröll und Waltraud Klasnic. Ein Antreten Klasnics hätte eine neues Konzept der Präsidentschaft bedeutet: Galt der Bundespräsident in Österreich bis dahin als würdevoller Repräsentant, der vor allem auch gut mit dem internationalen Protokoll umgehen konnte – seit 1974 waren mit Rudolf Kirchschläger, Kurt Waldheim und Thomas Klestil Spitzendiplomaten Staatsoberhaupt –, wäre Klasnic als Kandidatin für eine Volks- und Bürgerpräsidentschaft aufgetreten, die das Amt öffnen und mit viel Herz sozusagen die oberste Ombudsfrau für die Sorgen und Nöte von Frau und Herrn Österreicher darstellen hätte sollen. In den Kategorien Volksnähe und Beliebtheit übertraf Klasnic auch alle anderen getesteten Personen gesamtösterreichisch. In einer steirischen Umfrage sprachen sich aber Ende Juli 2003 60 Prozent dafür aus, dass die Landesmutter in der Steiermark bleibt, während nur 20 Prozent für eine allfällige Präsidentschaftskandidatur eintraten. Sie führte in der Steiermark selbstverständlich völlig unangefochten die Politiker-Hitparade an.

Klasnic war übrigens 2003 im pittoresken südsteirischen Weinort Kitzeck auch Gastgeberin eines „Geheimtreffens" der Spitzen von ÖVP und FPÖ, bei dem Schüssel und Haider einen „Neustart" der ins Stottern geratenen Koalitionsregierung vereinbarten und es auch zu einer Versöhnung zwischen Haider und Grasser kam.

Von Rekordhöhen zur bitteren Niederlage

Die ESTAG-Wirren beginnen

Während nach außen ihr Bild im Sommer 2003 noch besonders strahlend war, plagten im Inneren Waltraud Klasnic bereits schwere Sorgen. Gerhard Hirschmann hatte im Juni nach nur zweimonatiger Tätigkeit im Vorstand der ESTAG mit öffentlicher Kritik an dem von ihm mitgeleiteten Unternehmen begonnen. Er startete sehr boulevardgerecht und es gelang ihm, der die Medienarbeit bereits in der Politik virtuos beherrscht hatte, sowohl beim Marktführer „Kleine Zeitung" als auch bei der ebenfalls sehr leserstarken „Steirer-Krone" dieselben Stories und Schlagzeilen zu lancieren: Vom teuren Umbau der ESTAG-Konzernzentrale zum „Palazzo prozzo", von Dienstwägen, Spesenluxus und „Freunderlwirtschaft" konnte man dort lesen.

Im Kern glaubte Hirschmann, schwere Misswirtschaft aufdecken zu können, für die ein „Netzwerk" verantwortlich sei. Bald kursierte das Gerücht, dass damit steirische „Freimaurer" gemeint seien.

Es war eine für das Wirtschaftsleben mehr als ungewöhnliche Vorgangsweise, die Hirschmann gewählt hatte. Nach dem Aktienrecht hätte er sich an seine „Verschwiegenheitspflicht" gegenüber der Öffentlichkeit halten und alle Kritikpunkte intern mit seinen Vorstandskollegen, dem Aufsichtsrat und dem Eigentümervertreter abhandeln müssen. Denen misstraute er zutiefst, obwohl es zu ihnen teilweise jahrelange freundschaftliche Bande gab – so war der damalige Aufsichtsratsvorsitzende Norbert Ertler viele Jahre auch Berater von Josef Krainer II in Steuer- und Wirtschaftsbelangen gewesen.

Als Eigentümervertreter seitens des Landes – 75 Prozent der ESTAG stehen im Landesbesitz, 25 Prozent und eine Aktie hält seit Ende der 1990er Jahre der französische Energieriese EdF – wiederum fungierte Landesrat Herbert Paierl, der seinerseits ebenfalls sehr gut mit Ertler befreundet war.

Ab Juni jagte den ganzen Sommer 2003 hindurch eine VP-Krisenbesprechung im kleinsten Kreis die andere – mit teilweise lautstarken und höchst emotionalen Konfrontationen vor allem der Hauptkontrahenten Hirschmann und Paierl in Anwesenheit von Klasnic, die manchmal in fäkalsprachliche Niederungen abglitten. Ein bei diesen Gesprächen anwesendes VP-Regierungsmitglied warnte die beiden Streithähne: „Wenn Ihr so weitertut, seid Ihr beide am Schluss politisch tot." Beide Herren wähnten sich aber so sehr im Recht, dass sie diese Äußerung für politisch unbedarft und naiv hielten.

Dennoch sollte alles unternommen werden, um den Konflikt nicht eskalieren zu lassen und eine gütliche Lösung zu finden. Klasnic, die ohnehin ein ausgeprägtes Harmoniebedürfnis hatte, litt auch unter dem Stil der Auseinandersetzung. Laute und starke Worte und Drohungen waren ihr zutiefst zuwider – sie ordnete dies einem Machismo-Gehabe zu, das sie ablehnte und für „vorgestrig" hielt.

Hirschmann betonte immer, es gehe ihm ausschließlich um die Sache, nämlich dass der steirische Energiekonzern – das größte Unternehmen in mehrheitlichem Landesbesitz – erfolgreich und sauber geführt werde. Aber schon in dieser Frühphase der letztlich für Hirschmann, Paierl und Klasnic politisch letalen, mehr als zweijährigen Auseinandersetzung wurden vielerlei Vermutungen über die möglicherweise dahinterstehenden Motivationen geäußert. Hirschmann vertrage es nicht, dass Paierl, den er in den 1980er und 1990er Jahren gefördert und 1996 auch als Landesrat mitvorgeschlagen hatte, nun als „Eigentümervertreter" seinen „Chef" spiele – dass sich also das persönliche Verhältnis beider umgekehrt habe. Bereits zu diesem Zeitpunkt wurde Hirschmann von manchen unterstellt, dass sein eigentliches Ziel die Demontage Klasnics sei und er selbst wieder als „Spielmacher" in die Landespolitik zurückkehren wolle. Schon im Sommer 2003 tauchte das Gerücht auf, dass Hirschmann – wenn er nicht anders zum erwünschten Resultat komme, nämlich dass Klasnic demoralisiert w. o. gebe – mit einer eigenen Liste bei den Landtagswahlen antreten werde.

Sicher ist, dass Hirschmann mit seinem Eintritt in den ESTAG-Vorstand nach ein paar Wochen einen veritablen „Kulturschock" erlitten hatte. Über 20 Jahre war der scharfzüngige und radikal denkende und formulierende „politische Mensch" von hohen Graden

Mit Franz Kardinal König, dem Ehepaar Margot und Thomas Klestil, der damaligen niederösterreichischen LH-Stellvertreterin und späteren Innenministerin Liese Prokop und Superior Karl Schauer in Mariazell – ganz links im Hintergrund Ex-Außenminister Peter Jankowitsch.
Der Dalai-Lama besuchte die Steiermark.

Das Klasnic-Team 2005 – v. l. sitzend Kristina Edlinger-Ploder, Gerald Schöpfer, Hans Seitinger und Hermann Schützenhöfer, stehend Reinhold Purr, Waltraud Klasnic, Andreas Schnider und Christopher Drexler

Lange Zeit „Herzdame" und Trumpfkarte zugleich: Waltraud Klasnic Kartenspiel in der Wahlbewegung 2000

gewohnt, alles das öffentlich auszusprechen, was er wollte, und damit auch zu provozieren. Von seinen Attacken auf den damaligen ÖVP-Bundesobmann Mock über die Diskussion bezüglich der Abschaffung der Bundesländer bis zu an Jörg Haider gemahnenden scharfen Worten gegenüber dem französischen Staatspräsidenten Jacques Chirac – es wurde ihm von den Landeshauptleuten Krainer und Klasnic die lange Leine gelassen. Sie machten ihm meist die Mauer gegenüber empörten Reaktionen vor allem seitens der Bundes-ÖVP. Hirschmann habe vielleicht missinterpretiert eine richtige Diskussion angestoßen, hieß es meist – was öfters auch seine Richtigkeit hatte. Ein Mensch also, der es gewohnt war, jede Woche Schlagzeilen zu produzieren, sollte nun im Verborgenen wirken und in den Medien nur mehr mit Positivmeldungen bei Kraftwerkseröffnungen oder Bilanzpressekonferenzen stehen – etwas, was Hirschmanns Wesen wirklich fremd war, obwohl er oft über das angeblich erstrebenswerte schöne Leben jenseits der Politik mit größerem Einkommen und höherer Lebensqualität philosophiert hatte.

Möglicherweise bestärkte ihn in seinem Wunsch nach einem Wechsel in die „Wirtschaft" das Beispiel des schillernden langjährigen Präsidenten des erfolgreichen Grazer Fußballklubs „SK Sturm", Hannes Kartnig, mit dem er eng befreundet war. Hirschmann, der Kartnig in seiner Zeit als Sportreferent der Landesregierung näher kennengelernt hatte, verband wohl eine Art „Seelenverwandtschaft" mit dem in der Öffentlichkeit oft tabubrechend und seitenblickewirksam auftretenden, aber zweifellos durchschlagskräftigen Sturm-Präsidenten.

Dass nicht jeder Ex-Politiker, der ins Wirtschaftsleben wechselt, so reagiert wie Hirschmann, belegen verschiedene österreichische und ein zeitgleiches steirisches Beispiel:

Gemeinsam mit Hirschmann hatte der Ex-Schachner-Kronprinz Günter Dörflinger die politische Bühne verlassen und war in den Vorstand der ESTAG-Tochter Fernwärme gewechselt. Im Gegensatz zu Hirschmann nahm er seine Vorstandsverantwortung ohne öffentliche Begleitmusik wahr.

Klasnic wurde von jeweils interessierter Seite in unterschiedlichen Ausschmückungen natürlich alles aus der ESTAG-Gerüchteküche zugetragen – entsprechend misstrauisch und belastet war sie. Die

Gegensätze waren so groß, dass die Verfechter der, grob gesprochen, zwei Gruppen – Paierl bzw. Hirschmann – nahezu ultimativ die Abberufung des jeweils anderen aus Regierung und Vorstand und überhaupt die Abberufung eines Großteils des ESTAG-Vorstandes und des Aufsichtsrates verlangten. Dennoch gelang es ihr vorerst unter Kämpfen und Krämpfen eine Lösung zu finden. Es sollte eine aktienrechtliche Sonderprüfung und eine Sonderprüfung durch den Bundesrechnungshof stattfinden. Wenn Hirschmanns Vorwürfe berechtigt seien, sollte gehandelt werden.

Oberflächlich trat somit im Spätsommer 2003 eine Beruhigung ein, die freilich nur eine Atempause sein sollte. Schon damals sprachen einige Insider angesichts der aufgestauten Emotionen, Irrationalitäten und Verschwörungstheorien, die teilweise blanken und ungezügelten zerstörerischen Hass offenbarten, von einer beginnenden „griechischen Tragödie" in dem Sinne, dass der negative Ausgang unentrinnbar und vorhersehbar schien. Einer bezeichnete Hirschmann als „Herostrat" – dieser setzte bekanntlich 356 v. Christus in Ephesus eines der größten griechischen Heiligtümer und der damaligen sieben Weltwunder, den Artemis-Tempel, in Brand, um berühmt zu werden.

Hirschmanns Persönlichkeitsstruktur ließ es nicht zu, dass er die Untersuchungen nach außen ruhig und gelassen abwartete. Er meinte, Bilanzfälschungen auf der Spur zu sein. Diese schwere Anschuldigung fand wieder den Weg an die Öffentlichkeit, sodass es Ende Oktober 2003 zu einem Eklat kam: Die beiden anderen ESTAG-Vorstände verlangten im Verein mit dem Aufsichtsratspräsidium die Abberufung Hirschmanns aus dem Vorstand.

Klasnic handelte anders und war wiederum um Beruhigung bemüht: Sie bewog die bisherigen vom Land gestellten Aufsichtsräte zum Rücktritt, von denen Hirschmann behauptete, sie gehörten mehrheitlich dem „Netzwerk" an, das ihn, weil er „Machenschaften" aufdecke, vernichten wolle. Die Landeschefin wollte Hirschmann diese Sorge nehmen, indem sie drei von den bisherigen Streitereien unbelastete, fachlich hochkompetente Leute bestellte: den früheren Wirtschaftsminister Johannes Ditz, den früheren Generaldirektor der Bundesforste, Richard Ramsauer, und den Grazer Handelsrechtsprofessor Gunther Nitsche. SPÖ-Landeshauptmann-Stellvertreter

Heftige Turbulenzen um den ESTAG-„Palazzo prozzo"

Franz Voves entsandte seinen Amtsvorgänger Peter Schachner-Blazizek, der als langjähriger Generaldirektor der Grazer Stadtwerke die Energiewirtschaft gut kannte.

Die neuen Aufsichtsräte sollten sich ein unbefangenes eigenes Bild machen. Klasnic betonte, dass sie ihre Entscheidungen autonom, ohne jede Einflussnahme ihrerseits oder des Eigentümervertreters Paierl treffen sollten. Für Dienstag, 20. Jänner 2004, war *High noon* angesagt. Der neue ESTAG-Aufsichtsrat war einberufen, um die Ergebnisse der bis dahin vorliegenden aktienrechtlichen Sonderprüfung zu erfahren und Konsequenzen zu beraten. Im Landtag musste sich Waltraud Klasnic einer dringlichen Anfrage der SPÖ wegen einer Monate zurückliegenden angeblichen „Grapsch-Affäre" im Landesdienst stellen, bei der ihr vorgeworfen wurde, einen hohen

Landesbeamten zu schützen, der eine ihm Untergebene belästigt habe. Klasnic hatte bereits viele Wochen davor, wie sie meinte, im Interesse der Betroffenen gehandelt und fühlte sich daher menschlich durch die politische Instrumentalisierung dieses Vorfalls besonders unfair behandelt. Sie sei ein Leben lang – zwar nicht mit plakativem Feminismus, aber hartnäckig – auf der Seite der Frauen gestanden und habe gegen Unrecht und Benachteiligungen gekämpft, stille Frauensolidarität geübt, vieles erreicht und auch den Frauen neue Chancen eröffnet. Ein Standpunkt, den viele bestätigen. Die stets in ihrer Handtasche getragene Liste von Frauen, die sie sofort für eine Funktion in der Politik vorschlagen könnte, war Legende.

Mitten in die Beantwortung der „Dringlichen" platzte die Nachricht, dass der Aufsichtsrat alle drei Vorstände der ESTAG suspendiert hatte – weil wegen der internen Zerstrittenheit kein gedeihliches Zusammenarbeiten mehr möglich sei und weil die Sonderprüfung auch eine Reihe von Verfehlungen festgestellt hatte, die zum weit überwiegenden Teil auf die Zeit „vor Hirschmann" zurückgingen. Ditz und Schachner-Blazizek übernahmen interimistisch die Führung der ESTAG.

Es folgten besonders schwere Wochen für Klasnic. Die SPÖ beantragte einen Untersuchungsausschuss zur ESTAG-Angelegenheit, die Hirschmann-Fans aus Politik, Wissenschaft und Kirche bestürmten sie, eine Wiedereinstellung Hirschmanns in der ESTAG zu erwirken. Er sei doch im Gegensatz zu den beiden anderen abgelösten „Altvorständen" der „Aufdecker" und müsse eigentlich belohnt werden. Doch Aufsichtsratschef Ditz war, obwohl er den Umstand würdigte, dass Hirschmann richtigerweise Fehlentwicklungen aufgezeigt habe, zur Beurteilung gelangt, dass mit diesem eine konstruktive Unternehmensentwicklung nicht möglich sei.

Die SPÖ stellte ihre landespolitische Strategie um: Anstelle eines freundlichen Zusammenarbeitskurses wurde nun der Weg der Frontal-Attacken gegen Klasnic konsequent beschritten. Ab Februar 2004 bis zur heißen Wahlkampfphase im September 2005 wurde eine Inseratenkampagne geführt, in der Klasnic mit brutalen Slogans Führungsversagen und Flops vorgeworfen wurden – mit dem Nachsatz: „Es wächst der Wille zur Veränderung im Land."

Während Bundeskanzler Wolfgang Schüssel in einem Interview ziemlich kühl zur Suspendierung Hirschmanns meinte: „So ist das Aktienrecht", und damit andeutete, dass er eine harte Linie gegenüber dem Ex-Landesrat für richtig hielte, liefen hinter den Kulissen hektische Bemühungen, doch noch zu einem Ausgleich mit dem einstigen Spitzenmann der Steirer-VP zu kommen. Der nie aufgelöste Strategiekonflikt und das daraus resultierende ambivalente Verhältnis – eine Gruppe verlangte, man solle Hirschmann scharf attackieren und seine „Verfehlungen" aus Gegenwart und Vergangenheit schonungslos aufzeigen, die andere hielt seine Suspendierung für falsch und setzte auf eine gemeinsame Lösung – sollten Klasnic und ihr Team bis zum Wahltag begleiten.

Ein Vergleich der ESTAG mit Hirschmann gelang zunächst nicht – im Gegenteil, er klagte auf Widerruf der Suspendierung. Am 20. Februar 2004 erfolgte die endgültige Abberufung der drei ESTAG-Vorstände.

Kampf zweier „Netzwerke"?

Landesrat Paierl startete ein letzte „Gegenoffensive", unterstellte in einer Pressekonferenz, Hirschmanns Ziel sei es, einen Wechsel an der Spitze des Landes und der Steirischen Volkspartei herbeizuführen. Er werde dabei von einem „Netzwerk" unterstützt, „vor dem man sich fürchten müsse".

Beide Kontrahenten, Hirschmann ebenso wie Paierl, breiteten also krause „Verschwörungstheorien quasi mafioser Netzwerke" aus, die sich gegenüberstünden. Was war damit gemeint? Hirschmann zielte sichtlich auf die Freimaurer, deren österreichischer Großmeister sich bemüßigt sah, in Leserbriefen klarzustellen, dass zumindest einige der von Hirschmann attackierten Personen nicht der Freimaurerei angehörten und dass man unehrenhaftes wirtschaftliches Verhalten strikt ablehne. Es wurden allerhand Listen herumgereicht, wer dem „Freimaurer-Netzwerk" angehören solle, in der SPÖ äußerte sich ein Landesregierungsmitglied – Kurt Flecker – kritisch zu „Geheimbünden", wohl wissend und kalkulierend, dass sowohl dem Landesparteivorsitzenden Franz Voves als auch dem Landespartei-Finanzreferenten und früheren Bank-Manager und ESTAG-Präsidiumsmitglied Heinz Hofer ein Naheverhältnis zur „Maurerei" nachgesagt wurde. Eine Folge war zweifellos, dass in vielen Gesprächen Verdächtigungen mit der Behauptung ausgesprochen wurden, man wisse ganz genau, der und der gehöre dem „Netzwerk" an.

Worin bestand das sachliche Substrat der Hirschmann-Netzwerktheorie? Es hatte sich rund um die ESTAG offensichtlich ein Freundeskreis wirtschaftlich sehr tüchtiger Menschen gebildet, der sich gegenseitig vertraute und die Bälle zuspielte.

Paierl wiederum sah das „wirklich bedrohliche Netzwerk" im Dunstkreis der „Kleinen Zeitung" und der Katholischen Hochschulgemeinde, aus der Hirschmann, aber auch viele Personen in der Führung der „Kleinen Zeitung" und des herausgebenden Styria-Verlags hervorgegangen waren – u. a. der Vorstandsvorsitzende Horst Pirker, der sein Haus zu einer führenden und dynamischen Verlagsgruppe in Österreich und im Alpe-Adria-Raum geformt hat, der damalige „Kleine"-Chefredakteur Erwin Zankel und der leitende Landespolitik-Redakteur Claus Albertani. Man habe seinen Rücktritt erzwingen wollen, gab Paierl in einem Presseprozess später zu Protokoll.

Ausläufer dieser von Paierl vertretenen Theorie fanden sich sogar noch nach geschlagener Landtagswahl in der Zeitschrift des Cartellverbandes, „Academia" (Ausgabe Dezember 2005), in der ein unter Pseudonym Schreibender behauptete: „Eine eigenartige Rolle spielte übrigens auch die dem katholischen Milieu zugezählte ‚Kleine Zeitung'. Sie tat sich als größte Klasnic-Kritikerin hervor. So wurden etwa fragwürdige Fotos eingesetzt und ÖVP-Inserate so unglücklich platziert, dass sie auf Seiten mit vernichtender ÖVP-Kritik standen. Aus ÖVP-Kreisen wird Chefredakteur Zankel der Satz ‚vor meiner Pensionierung will ich noch ein Denkmal stürzen' nachgesagt und auch, dass er ‚seinen Freund Schützenhöfer zum Landeshauptmann machen wollte'. ‚Gemacht' hat er ihn schließlich zum 1. Landeshauptmann-Stellvertreter ... Apropos „Kleine Zeitung". Sie gilt seit langem als Hort der Katholischen Aktion (KA) beziehungsweise der ihr zugehörigen Katholischen Hochschulgemeinde (KHG)."

Aber was war das sachliche Substrat der Paierl-Netzwerktheorie? Alle Medien berichteten ausführlich und für die VP wenig vorteilhaft über die ESTAG-Angelegenheit und in den weiteren Monaten folgende Begebenheiten. Vor allem Paierls Rolle war sehr kritisch beleuchtet worden. Auf die Frage, wer in der ESTAG-Auseinandersetzung Recht gehabt habe, sprachen sich im Frühjahr 2004 bei einer Umfrage 45 Prozent für Hirschmann und nur 15 Prozent für Paierl aus.

Der Paierl-Rücktritt

So kam es knapp vor der Karwoche 2004 zur getrennten Befragung von Paierl und Hirschmann im ESTAG-Untersuchungsausschuss. Beide Herren argumentierten ihre Sicht eindrucksvoll – Hirschmann mit großer theatralischer Geste.

In Kenntnis der öffentlichen und veröffentlichten Stimmung war der Führungscrew der Steirischen Volkspartei klar, dass ein Verbleib Paierls in der Regierung, während Hirschmann aus der ESTAG bereits entfernt worden war, von vielen als ungerecht empfunden werden würde. Und zwar ungeachtet dessen, was rein sachlich richtig sein könnte. In der Politik kommt es leider oft auf die Wahrnehmung und nicht auf die Wahrheit an, ist eine auch von Politprofi Hermann Schützenhöfer oft geäußerte Einsicht.

Der Palmsamstagnachmittag und -abend führten den engsten Führungskreis der Steirischen Volkspartei – VP-Landesregierungsteam, Klubobmann, Bündechefs (Wirtschafsbund, Bauernbund, Arbeitnehmerbund), Landesgeschäftsführer – im Landeshauptmann-Büro von Waltraud Klasnic in der Grazer Burg daher zu einem sehr ernsten Gespräch zusammen. Wie immer auch die Vier-Augen-Gespräche und die Aussprache in etwas größerer Runde abliefen, das Resultat war: Herbert Paierl stellte seine Regierungsfunktion zur Verfügung, um Druck von der Partei und von Klasnic zu nehmen und zur Befriedung beizutragen. Die sichtlich erleichterte „Frau Landeshauptmann" dankte am Palmsonntagvormittag in einer eilig einberufenen Pressekonferenz Paierl für seine Haltung und streute ihm für seine wirtschaftspolitischen Erfolge vor allem im Zusammenhang mit der so genannten Cluster-Politik Rosen.

Umfragen, die in diesen Wochen in „Steirer-Krone" und „Kleiner

Zeitung" veröffentlicht worden waren, signalisierten, dass der VP-Vorsprung zur SP von 15 Prozent auf 3 Prozent geschmolzen war. Die „Kleine" titelte „VP abgestürzt", in der „Steirer-Krone" hieß es: „Steirer-VP büßt für die ESTAG." Der Paierl-Rücktritt wurde mit großer Mehrheit (59:21) als richtig empfunden.

Hirschmann am 1. Juli 2004: „Kandidiere 2005 nicht."

Klasnic und die Steirische Volkspartei hatten also die Notbremse gezogen. Jetzt wurde mit Hochdruck an einem Ausgleich mit Gerhard Hirschmann und einer Restrukturierung der ESTAG gearbeitet. Es wurden viele Anregungen der Prüfberichte aufgenommen und ein neuer Vorstand installiert. Und am 1. Juli 2004 stieg scheinbar weißer Rauch auf. Es wurde eine außergerichtliche Einigung zwischen Hirschmann und der ESTAG bekannt gegeben. In einer Pressekonferenz teilte Hirschmann mit, dass er den gesamten von der ESTAG erhaltenen Betrag von 1,2 Mio. Euro in Tranchen spenden werde. Und er betonte gleichzeitig, dass er bei der Landtagswahl 2005 sicher nicht kandidieren werde: „Ich schließe das für mich persönlich aus, zumindest für die nächsten zehn Jahre."

Klasnic ihrerseits gab eine Ehrenerklärung für Hirschmann ab, in der es hieß: „Dr. Gerhard Hirschmann habe ich immer als außerordentliche Begabung geschätzt. Sein scharfer Intellekt, seine unkonventionelle Art, seine Formulierungskraft und sein großer persönlicher Einsatz haben in den letzten Jahrzehnten große Impulse für unser Land und die Volkspartei gegeben. Ich danke ihm für vieles. Aufgrund der von Dr. Gerhard Hirschmann erteilten Informationen im Zusammenhang mit der ESTAG habe ich den Rechnungshof angerufen. Es wurden von der Steiermärkischen Landesregierung eine aktienrechtliche Sonderprüfung eingeleitet und weitere Schritte gesetzt. Durch seine Informationen und seine Aktivitäten hat Dr. Hirschmann einen wesentlichen Impuls zur Neuorientierung und weiteren positiven Entwicklung der ESTAG gesetzt. Persönlich habe ich daher die Entwicklung und öffentliche Diskussion der letzten Monate, aber auch deren Folgen sehr bedauert. Ich bin froh, dass die ESTAG und Dr. Gerhard Hirschmann nunmehr einen Weg gefunden

Jubel für die Parteichefin am Landesparteitag 2004: v. l. Peter Mühlbacher, Erich Pöltl, Gerald Schöpfer, Kristina Edlinger-Ploder, Thomas Einwallner, Reinhold Lopatka, Fritz Grillitsch, Hermann Schützenhöfer, Gilbert Frizberg, Burgi Beutl, Günther Köberl, Reinhold Purr, Christopher Drexler, Barbara Riener und Martin Bartenstein

haben, der die weitere Entwicklung im Unternehmen erleichtern wird. Gehen wir gemeinsam in eine gute Zukunft!"
Klasnic und ihr Team hofften, sich jetzt wieder auf die Arbeit konzentrieren zu können. Die Umfragen zeigten eine Erholung und Stabilisierung – „Talfahrt gestoppt. Klasnic liegt bei Direktwahlfrage mit 52:23 vor Voves", dessen persönliche Werte sich aber verbesserten, so lautete das Ergebnis.

Paierl übte sich in den folgenden Monaten bei öffentlichen Kommentierungen in aus der Sicht der Partei wohltuender Zurückhaltung, während Hirschmann sich immer wieder mit kleinen Sticheleien meldete. Da er aber vielen Freunden versichert hatte, sicher nicht – und schon gar nicht gegen ihren Rat – bei den Landtagswahlen zu kandidieren, sorgte das zwar immer wieder für Irritationen, wurde aber nicht allzu tragisch genommen.

Top-Wirtschaftsdaten

Der Auto-Cluster boomte, vor allem, aber nicht nur durch die erfolgreichen Akquisitionen und Produktionen von Magna unter der Leitung von Frank Stronach und Siegfried Wolf. Wurden 1994 in der Steiermark 7000 Autos gefertigt, waren es mittlerweile über 200.000. Die Thermenregion, aber auch das Weinland oder die Winterfremdenverkehrsorte waren zu österreichischen Tourismus-Paraderegionen geworden. Dieser Weg war schon in den 1980er Jahren mit der Ski-WM in Schladming, der Dachstein-Tauern-Region und den Thermen Loipersdorf, Waltersdorf und Radkersburg eingeschlagen worden. Bei der Forschungs- & Entwicklungsquote war die Steiermark bereits 2002 mit 3,67 Prozent dank der fünf Universitäten, der größten außeruniversitären Forschungseinrichtung außerhalb des Wiener Raums – Joanneum Research –, der höchsten Zahl an Kompetenzzentren und der Labors der Privatwirtschaft nicht nur an der Spitze der österreichischen Bundesländer, sondern unter den europäischen Top-Regionen. Das 3-Prozent-Ziel, das sich die EU insgesamt bis 2010 vorgenommen hatte, war bereits übertroffen worden.

Die wirtschaftlichen Parameter für die Steiermark waren ausgezeichnet. Darüber bestand Einigkeit unter den führenden Ökonomen der Republik, wie folgende Zitate zeigen: Karl Aiginger, Leiter des Österreichischen Instituts für Wirtschaftsforschung: „Die wirtschaftliche Dynamik der Steiermark ist beachtlich. Das Wachstum der Gesamtproduktion und der Beschäftigung liegt höher als im Bundesschnitt. Die Beschäftigung steigt kurz- und mittelfristig stärker als in Österreich. Die Industriebeschäftigung ist im Gegensatz zum Trend für Österreich und die meisten europäischen Regionen steigend. Eine Ausweitung der Produktion in technologieintensiven Branchen wie Informationstechnologie, Technologie der Nachhaltigkeit, Life Science und Medizintechnik ist im Gange. Jüngste Statistiken zeigen auch eine erfreuliche Dynamik bei bestimmten Dienst-

Waltraud Klasnic mit Frank Stronach, dem Vater des steirischen „Autobooms"

leistungen (z. B. Consulting Know-How für Nachhaltigkeit) und deuten somit an, dass die Steiermark ihre Drehscheibenfunktion in der neuen europäischen Landschaft wahrzunehmen beginnt. Die Industriebeschäftigung (Sachgüter) ist 2004 im Gegensatz zu ihrem langfristigen Trend um 1,3 % gestiegen, jene der produktionsnahen Dienstleistungen um 5,3 %. Die Zahl der Fachhochschulen und die dynamische Entwicklung der Studierenden ist eine Erfolgsstory."

Bernhard Felderer, Chef des Instituts für höhere Studien und des Staatsschuldenausschusses: „Die Steiermark hat die Strukturprobleme, die dem Land in früheren Jahrzehnten immer wieder zu schaffen gemacht haben, überwunden und sich durch eindrucksvolle Strukturveränderungen einen Spitzenplatz im Wettbewerb europäischer Industrieregionen sichern können. Allerdings ist die Steiermark seit dem Jahr 1995 in einem Aufholprozess: Sie weist im Zeitraum 1995 bis 2002 mit 4,2 % Steigerung die zweithöchste durchschnittliche jährliche Wachstumsrate auf. Wichtigster Erfolgsfaktor in dieser dynamischen Entwicklung ist der Umstrukturierungsprozess, der in der Steiermark ab den 90er-Jahren in Gang gesetzt wurde. Dabei haben nicht nur die spektakulären Betriebsansiedelungen geholfen. Der Indexwert der Strukturveränderung von 13 Punkten zeigt, dass die Steiermark das Bundesland mit der dynamischsten Veränderung der Wirtschaftsstruktur ist. Dieser Wert liegt klar über dem österreichischen Durchschnitt von 9,9 Punkten. Im Jahr 2004 befand sich die steirische Industrie schließlich beim Produktionswert je Beschäftigten auf dem ersten Platz im Bundesländervergleich. Mit 227.697 Euro liegen die Steirer deutlich über dem Österreich-Schnitt von 199.348 Euro."

Claus Raidl, Vorstandsvorsitzender von Böhler Uddeholm: „Die Steiermark hat gezeigt, wie man mit so genannten ‚alten' Industrien zu neuen Ufern, zu neuen Arbeitsplätzen und zu ertragstarken Unternehmungen kommen kann. Vor 20 Jahren war die ‚Mur-Mürz-Furche' ein negatives Beispiel für eine industrielle Monostruktur, der man wenig Chancen auf einen Erfolg gegeben hat. Heute ist die Obersteiermark ein Werkstoffcluster mit Unternehmen, die in ihren Produkten zum Teil Weltmarktführer sind (z. B. Weichen in Zeltweg, Schienen in Donauwitz, hochlegierte Spezialstähle in Kapfenberg, Spezialbleche in Mürzzuschlag). Was ist geschehen? Die Steiermark hat eine neue Wirtschaftspolitik begonnen, die darauf aufbaut, viele neue, auch kleine Unternehmungen und Betriebe zu fördern und nicht die Förderung auf einige Großaktionen zu konzentrieren. Die Steiermark war darüber hinaus unglaublich aktiv, einen neuen ‚Lebensraum mit Intellektualität' zu schaffen."

Und Michael Steiner, führender steirischer Regionalökonom, bestätigt dies mit Blick auf die am 1. Mai 2004 vollzogene große EU-Erweiterung, womit auch der steirische Nachbar Slowenien EU-Mitglied wurde. Steiner unterstreicht, dass die steirische Wirtschaft sowohl von den Exporten als auch den Investitionen her eine der Hauptbegünstigten des Südeuropa-Booms ist. Und er verweist vor allem auf die großen Erfolge im steirischen Grenzland: „Die Bezirke

Freude über ein neues Chrysler-Modell, das in Graz produziert wird: Wirtschaftsminister Martin Bartenstein, Chrysler GF Andrea Millner, LH Waltraud Klasnic und Magna GF Siegfried Wolf

an der ehemaligen toten Grenze waren in den vergangenen 10 bis 15 Jahren die stärksten Beschäftigungsgewinner."

Klasnic engagierte sich – stark begleitet vom Paierl-Nachfolger als Wirtschaftslandesrat, dem angesehenen Grazer Wirtschaftsprofessor Gerald Schöpfer – unter dem Titel „Alte Nachbarn–Neue Partner" sehr für die so genannte EU-Zukunftsregion, die den Alpen-Adria-Pannonia-Raum umfasste und die sie mit dem nach Graz angereisten EU-Regionalkommissar Michel Barnier und Vertretern Sloweniens, Ungarns, Kroatiens und Oberitaliens aus der Taufe hob.

Das Großereignis des Mitteleuropäischen Katholikentages im Mai 2004 in Mariazell – wesentlich vorbereitet von dem aus Kärnten in die Steiermark heimgekehrten Diözesanbischof Egon Kapellari – bekräftigte diese Rolle der Steiermark in Südosteuropa.

Klasnic war es neben den *hard facts* aber auch ein besonderes

Der angesehene österreichische Politikwissenschafter und Verfassungsrechtler Wolfgang Mantl war ein wichtiger und geschätzter Ratgeber sowohl von Waltraud Klasnic als auch Josef Krainer.

Anliegen, dass die so genannten *soft skills* stimmten, dass der soziale Zusammenhalt gestärkt würde, Umwelt und Natur lebenswert und intakt blieben. So konnten auch im kulturellen Bereich wichtige Initiativen gesetzt werden: Die Neustrukturierung der Vereinigten Bühnen, des Landesmuseums Joanneum und des „steirischen herbstes" als kulturelle Flaggschiffe gehört dazu. Sie installierte zur Optimierung von Synergien und Vernetzungen, aber auch für nachhaltiges kulturelles Marketing die „Instyria Kultur-Service-GmbH" mit dem Kultur-Enthusiasten und Schützenhöfer-Mitarbeiter Rinner als Geschäftsführer, der 2007 auch VP-Landesgeschäftsführer werden sollte.

Besonders lieb war ihr die bewusst zum ersten Jahrestag ihres fulminanten Landtagswahlerfolges am 15. Oktober 2001 gestartete „Aktion Kind(er)leben". Damit ging es der Landesmutter um ver-

EU-Kommissar Franz Fischler, Landtagspräsident Reinhold Purr, LH Waltraud Klasnic und Bischof Egon Kapellari freuen sich gemeinsam mit slowenischen Spitzenpolitikern und steirischen Grenzland-Bürgermeistern am 1. Mai 2004 an der steirisch-slowenischen Grenze über den EU-Beitritt der südöstlichen Nachbarn.

stärkte Akzente für ein kinder- und familienfreundliches Klima und ein verbessertes Verständnis der Generationen füreinander. Die Betonung der Generationenverantwortung gehört dazu, wobei Klasnic oft den Begriff „Mit- und Umwelt" im Munde führte. Wenn man sie fragt, was sie für ihre wichtigsten bleibenden Initiativen hält, dann nennt sie meist die Ermöglichung der „anonymen Geburt" in Österreich und die Einrichtung von Babyklappen, was nur jene überrascht, welche die Bedingungen ihrer eigenen Geburt nicht kennen. Seither gab es dutzende „anonyme Geburten".

Unter all diesen Umständen geriet der Landesparteitag im September 2004 zu einem Fest für Klasnic mit 98,53 Prozent bei ihrer Wiederwahl als Landesparteichefin und zur vermeintlichen Startrampe für einen Landtagswahlerfolg 2005.

Die „Soap-Opera" Herberstein

Doch der Herbst 2004 brachte den nächsten Rückschlag. Die SPÖ stürzte sich auf den „Herberstein-Skandal" als nächste Folge der angeblichen Affären- und Skandalserie. Sachlich ging es um die Erhaltung des Tierparks Herberstein, der nach Aussagen aller wesentlichen Politiker von ÖVP, SPÖ und FPÖ zu einem der wichtigsten Leitprojekte der Oststeiermark, aber auch der gesamten Steiermark zählte. Ohne massive Unterstützung der öffentlichen Hand war ein anspruchsvoller Tierpark nicht zu führen, was man beim Vergleich mit dem großen Tierpark Schönbrunn, aber auch mit Innsbruck und Salzburg unschwer erkennen konnte. Die umtriebige Andrea Herberstein, geschiedene Witwe des Grafen aus uraltem steirischem Geschlecht, das in früheren Jahrhunderten mehrere Landeshauptleute gestellt hatte, intervenierte seit Jahren für dieses Projekt bei der Landesregierung. Durch ihre zweifelsfreie Tüchtigkeit war es jedenfalls gelungen, Schloss Herberstein vor dem Verfall zu retten und zu revitalisieren – mit hübschen Garten- und Museumsanlagen und eben dem Tierpark.

Im Juni 1998 kam es zu einem Landtagsbeschluss, dass „eine angemessene Sonderförderung" zur Verfügung gestellt werden sollte. Daraufhin unternahmen der damalige Tourismuslandesrat Gerhard Hirschmann und der damalige Finanzlandesrat Hans Joachim Ressel mit Vertretern des Tierparks Herberstein im November 1998 eine Studienreise nach Orlando/Florida zur Besichtigung von Tier- und Vergnügungsparks. Andrea Herberstein legte schließlich im März 1999 einen „Masterplan" für den Tierpark mit einem Investitionsvolumen von 120 Millionen Schilling (rund 8 Millionen Euro) vor.

Es gab diverse Besprechungen im Landhaus und in Herberstein begannen die Investitionen im Sinne des „Masterplans". In einem Landtagsbeschluss vom Jänner 2000 wurde die Landesregierung aufgefordert, „im Sinne der Erhaltung des Tierparks Herberstein als touristisches Leitprojekt eine für den notwendigen Aus- und Umbau adäquate Sonderförderung zusätzlich zu bedecken."

Die Redner von ÖVP, SPÖ und FPÖ warben dafür, der zuständige Tourismusreferent Hirschmann bedankte sich „für diese Dreieinigkeit für ein großartiges oststeirisches Leitprojekt". Und er fügte

hinzu: „Ich möchte natürlich auch Gräfin Herberstein und allen Bediensteten dort, und das sind gar nicht wenige, sehr herzlich danken für dieses großartige Engagement in den letzten Jahren und Jahrzehnten."
2002 erfolgte eine „stille Beteiligung" des Landes mit 2,9 Mio. Euro. Das war eine beachtliche Hilfe, aber für die Finanzierung des „Masterplans" bei weitem nicht genug. Nach dem Wechsel Hirschmanns von der Landesregierung in die ESTAG sah sich Klasnic moralisch verpflichtet, die gegebenen Zusagen einzuhalten und für die Bereitstellung der restlichen Mittel zu sorgen. Eine Million Euro floss noch über Klasnics Antrag höchst umstritten im Sommer 2004, alle weiteren Investitions- und Förderversuche scheiterten jedoch am politischen Dauer-Sperrfeuer.

Die Herberstein-Story war ja wirklich für eine politisch-mediale *Soap-Opera* wie geschaffen. Der Glamour einer attraktiven „Gräfin", liiert mit einem Weltklasse-Bariton, mit dem sie auch dauernd die *Seitenblicke*-Spalten füllte, ihre selbstbewussten Auftritte und, wie sich später herausstellte, ihre reichlich „unkonventionellen" Geschäftsmethoden mit „Schwarzgeld" und umfrisierten Rechnungen – diese Ingredienzien boten alles, was das Herz ehrlich und künstlich Erregter und die Neidgenossenschaft begehrten.

Klasnic schaltete den Landesrechnungshof ein, um Licht ins Dunkel der Vorwürfe zu bringen, wollte aber gleichzeitig – gegen den Rat vieler – das Projekt nach dem Motto *pacta sunt servanda* durchboxen. Plakate, Inserate und Fotomontagen der sich mit der „Gräfin" herzenden Landesmutter und mit dem Text: „Bussi, Bussi teure Freundin" waren die Folge. Es wurde insinuiert, Klasnic handle nicht objektiv, sondern wolle Andrea Herberstein wegen eines persönlichen Naheverhältnisses – das tatsächlich nicht bestand – etwas zuschanzen.

Herberstein und der Schlussbericht des ESTAG-Untersuchungsausschusses sowie der ESTAG-Rechnungshofbericht beherrschten die politischen Herbstdiskussionen. In dieser Atmosphäre stellte Voves erstmals „spontan" den Landeshauptmann-Anspruch – ja, er wolle schon nach den Landtagswahlen 2005 und nicht erst, wie bisher diskutiert, 2010 Landeshauptmann werden.

Der Spielberg-Keulenschlag

Fehlende Fortüne und *Murphys Law*: „Wenn etwas schief gehen kann, dann geht es schief", beherrschten endgültig die politische Arbeit Klasnics. Denn Anfang Dezember 2004 kam der nächste Keulenschlag: Der Umweltsenat des Bundes wies das „Projekt Spielberg" als in der vorliegenden Form nicht genehmigungsfähig ab.

Spielberg im Bezirk Knittelfeld ist die in der strukturschwachen Region Aichfeld-Murboden gelegene Gemeinde, in der 1969 der „Österreich-Ring" – der um die Jahrtausendewende zum A-1-Ring mutierte – eröffnet worden ist. Seither sonnte sich diese sich besonders benachteiligt fühlende obersteirische Region, die vor allem durch die Einstellung des Kohlebergbaus in Fohnsdorf schwer getroffen wurde, mit mehrjährigen Unterbrechungen wenigstens ein paar Tage im Jahr im Glanz der Formel-1-Automobilwelt beim Grand Prix von Österreich. Diese Rennen waren allerdings stets von unwägbarem Glück abhängig: Einerseits wurden sie oft von Umweltbewegten bekämpft, andererseits zog sie Formel-1-Boss Bernie Ecclestone immer wieder in andere Länder ab, in denen er finanziell lukrativere Bedingungen vorfand. Mehrfach war der „Ring" Gegenstand von Landtagswahl-Auseinandersetzungen – 1981, als Josef Krainer wenige Tage vor der Wahl einen neuen Vertrag mit Ecclestone schloss, wirkte sich das positiv auf das regionale Wahlverhalten pro VP aus, 1995 – als die SP eine Hirschmann-Initiative zum Ring-Ausbau als Verschwendung bekämpfte – blieb es neutral.

2003 gab es den bisher letzten Formel-1-Grand-Prix am Ring, dafür aber die große Hoffnung auf eine nachhaltige ganzjährige Nutzung des Geländes. Dietrich Mateschitz, der mit Red Bull in die Champions League der erfolgreichen Unternehmer aufgestiegene gebürtige Steirer, erklärte sich bereit, in Spielberg eine Motorsport-Akademie zu errichten. Das Projekt wurde immer größer und größer – diverse Teststrecken, weiterführende Schulen, Hotels inkludierend –, sodass von einem 700-Mio.-Euro-Investment die Rede war. Gerhard Hirschmann war der „Einfädler" und erste Hauptgesprächspartner von Mateschitz, später Paierl. Es war allen Beteiligten klar, dass dieses Projekt eine Riesenchance in sich barg, aber auch beachtliche Risiken des Scheiterns, weil bei der

Die gebürtige Steirerin und „Grande Dame der österreichischen Wirtschaft" Maria Schaumayer und die renommierte Chirurgin Hildegunde Piza zählen genauso zum Freundeskreis von Waltraud Klasnic wie der deutsche Arbeitgeberpräsident Dieter Hundt (im Hintergrund).

angedachten Dimension die Umweltauflagen schier unerfüllbar schienen.

So etwas kümmerte Hirschmann nicht sehr, als er Mateschitz versicherte, man werde die „Stolpersteine der Bürokratie" schon politisch aus dem Weg räumen. Hirschmann, der selbst eine Zeit lang für das Personalwesen der Landesregierung zuständiger Landesrat war, hatte zur Beamtenschaft einen durchaus ambivalenten Zugang. Auch hier galt für ihn das Prinzip: „Geht nicht, gibt's nicht", getragen von Begeisterung für großräumiges Denken, aber mit Miss-, um nicht zu sagen Verachtung für Details in Gesetzen und Verordnungen. Es kam, wie es zu befürchten war: Da wurden Lärmschutzauflagen gemacht, dort Projektveränderungen gefordert. Das Projektteam von Mateschitz zeigte sich aber im Laufe des Genehmigungsverfahrens immer unbeweglicher: Adaptionen seien nicht mehr möglich – alles oder nichts. So endete es im Winter 2004/05 vorläufig beim Nichts. Manche unterstellten, dass Mateschitz in der Zwischenzeit sein Interesse von diesem auf andere Projekte gerichtet hätte und deshalb über den Stopp durch die Behörden nicht unfroh gewesen sei. Klasnic & Co bemühten sich aber unverdrossen, mit Mateschitz im Dialog zu bleiben. Und Klasnic betonte immer, dass sie Mateschitz als Mann mit Handschlagqualität kennen und schätzen gelernt habe, der zu seinem Wort stehe und etwas für seine Heimat tun wolle.

In der politischen Auseinandersetzung waren die Fronten eindeutig: „Ein weiterer Flop der Klasnic-Politik", trommelte die SPÖ-Propaganda, wesentlich unterstützt von Hirschmann, der genüsslich durchblicken ließ, dass – wenn er noch in der Landesregierung gewesen wäre – dies nicht passiert wäre. Eine angesichts der Faktenlage kühne Behauptung – deutlich wurde aber auch in dieser Causa, so wie bei Herberstein et alii, eine fast schon schicksalhafte Verwobenheit der Klasnic-Probleme mit dem Ex-Landesrat.

Warnsignal Gemeinderatswahlen 2005

Die Gemeinderatswahlen in allen steirischen Kommunen – mit Ausnahme der Landeshauptstadt Graz – im März 2005 brachten ein Ergebnis, das als weiteres Warnsignal interpretiert wurde: Die Steirer VP konnte zwar um 0,34 Prozent auf 43,35 Prozent zulegen, die SPÖ jedoch wesentlich stärker um 4,50 Prozent auf 43,33 Prozent, sodass der stimmenmäßiger Vorsprung der VP von 24.291 auf hauchdünne 90 Stimmen zusammengeschmolzen war.

Die Führung der Steirischen Volkspartei betrieb damals naturgemäß besonders intensive Meinungsforschung und bediente sich der Daten mehrerer voneinander unabhängiger Umfrage-Institute, nachdem im Februar 2005 in der „Steirer-Krone" eine IMAS-Umfrage publiziert worden war, derzufolge die SPÖ erstmals in Führung lag. Die Umfragen signalisierten zwar deutliche Verluste gegenüber der Landtagswahl 2000, aber trotz allem einen Vorsprung für die VP außerhalb jeder Schwankungsbreite. Einzig ein Antreten Gerhard Hirschmanns – dieser hatte damit entgegen ursprünglicher Ankündigungen bereits mehrfach öffentlich kokettiert und für 1. Juni 2005 seine Entscheidung in Aussicht gestellt – könnte die Nr.-1-Position gefährden.

In allerkleinster Runde stellte Klasnic einem ob der Offenheit verblüfften Meinungsforscher folgende Frage: Solle sie nach den Gemeinderatswahlen zurücktreten und einem anderen Spitzenkandidaten Platz machen? In Salzburg habe die VP ja auch den Prognosen entsprechend mit Franz Schausberger im Frühjahr 2004 nach 59 Jahren den Landeshauptmann verloren. Der Meinungsforscher antwortete sehr sachlich: Wenn er in Salzburg ein halbes Jahr vor der Wahl gefragt worden wäre, hätte er den Kandidatenwechsel empfohlen, denn Schausberger lag in der Direktwahlpräferenz hinter SP-Spitzenfrau Gabi Burgstaller, während die VP noch voran war. In der Steiermark verhalte es sich umgekehrt, denn Klasnic liege in der Direktwahlpräferenz wesentlich besser als die Partei gegenüber dem Mitbewerber.

Diese Insistenz vieler in der steirischen VP-Führung auf die Meinungsforschung hatte vor allem einen Grund: Gerhard Hirschmann kolportierte in Interviews und Gesprächen, die VP sei ohnehin schon abgeschlagen Zweiter und nur er könne mit einer zweiten Liste zusammen die bürgerliche Mehrheit retten. Je nach Gesprächspartner variierte er – er könne das „Rettungsauto" für Klasnic sein, was manche als „Leichenwagen" interpretierten. Ein anderes Mal sagte er, er könne Klasnic sicher nicht, aber einen anderen VP-Kandidaten wählen, ein drittes Mal meinte er, es sei eine „Halbzeitlösung" mit Voves möglich. Sein Wählerpotenzial bezifferte er mit 10 bis 15 Prozent und mindestens einem Regierungssitz.

Allen war in diesem Frühjahr klar, dass die Lage für die Klasnic-VP ernst war. Eine Gruppe vor allem um Alt-Landeshauptmann Josef Krainer, Hermann Schützenhöfer – den eine jahrzehntelange persönliche Freundschaft mit Hirschmann verband –, Bernd Schilcher und Ex-Landesrat Hans Georg Fuchs bemühte sich buchstäblich bis zur offiziellen Bekanntgabe seiner Kandidatur, Gerhard

Hirschmann davon abzuhalten und einen modus vivendi zu finden.

In einem „Kleine Zeitung"-Interview vom 27. März 2005 beschwor Schützenhöfer Hirschmann öffentlich, von einer Kandidatur Abstand zu nehmen: „Ich glaube daran, dass er überzeugt werden kann, nicht zu kandidieren, denn eine Kandidatur würde der steirischen Volkspartei schaden ... Ich setze darauf, dass er seiner Partei nicht schaden will."

Im allgemeinen Polittrubel ging völlig unter, dass im Endbericht des Rechnungshofes zur ESTAG der offizielle Grund der Hirschmann-Aggressionen anders, als in der veröffentlichten Diskussion meist dargestellt, bewertet wurde: „Der RH sah die Abberufung des gesamten Vorstandes aus den im § 75 Abs. 4 AktG genannten Gründen als inhaltlich gerechtfertigt an. Aufgrund der unzureichenden Zusammenarbeit der Vorstandsmitglieder untereinander sowie des Vorstandes mit dem Aufsichtsrat konnte Letzterer das für eine gedeihliche Zusammenarbeit erforderliche Vertrauen gegenüber dem Vorstand nicht mehr aufbringen."

Heereskommando und Musikunibau

Auch in der ÖVP-Bundesparteileitung schrillten die Alarmglocken, was dazu führte, dass plötzlich innerhalb weniger Monate für die Steiermark Projekte zugesagt, realisiert und initiiert wurden, um welche die steirische Politik lange Jahre erfolglos gerungen hatte.

Im Zuge der Heeresreformen war zu befürchten gewesen, dass diverse Kommanden und Einheiten aus der Steiermark abgezogen würden. Im Frühjahr 2005 erhielt Graz den Zuschlag für das wichtigste Oberkommando des Bundesheeres, das Streitkräfteführungskommando.

Zwei Jahrzehnte hindurch kämpfte der Rektor der Grazer Universität für Musik und darstellende Kunst, Otto Kolleritsch – der Bruder des langjährigen Forum-Stadtpark-Chefs und Herausgebers der Literaturzeitschrift „manuskripte" Alfred –, vergeblich für eine große Proben- und Spielstätte. Nachdem dies von zahlreichen Ministern auf die lange Bank geschoben worden war, kam im Frühjahr die Zusage für das „Mumuth" – das „Haus für Musik und Musiktheater".

Sie bildeten eine starke Achse gerade auch für den Bahnausbau im Süden Österreichs: Jörg Haider und Waltraud Klasnic.

Neuer Anlauf beim Semmering

Sogar die leidige Semmering-Bahntunnel-Frage wurde auf neue Schienen gestellt. Bundeskanzler Schüssel, der für die Verkehrsinfrastruktur zuständige Minister Vizekanzler Hubert Gorbach, der niederösterreichische Landeshauptmann Pröll, Klasnic, der oberösterreichische Verkehrslandesrat, Landeshauptmann-Stellvertreter Franz Hiesl, und der Bundesbahn-Generaldirektor Martin Huber stellten das Eisenbahndreieck Wien-Linz-Graz mit einer Neuplanung des Semmering-Bahntunnels als Herzstück vor. Als Begründung für die Neuplanung galt der 2004 vertraglich fixierte Bau des Koralmbahntunnels, sodass insgesamt bis etwa 2018/20 eine grundlegende Modernisierung der Eisenbahnstrecke von Wien über Graz nach Klagenfurt und Oberitalien als Teil einer großen transeuropäischen Linie von Nordost- nach Südwesteuropa sinnvoll erschien. Zusätzlich sollte der Ausbau der Westbahn zwischen Linz und Wien mit Verbindungen in den süddeutschen Raum bzw. nach Ungarn und in die Slowakei sowie der Summerauer- und Pyhrnbahn von Prag über Linz und Graz Richtung Slowenien, Kroatien und Südosteuropa – ebenfalls als Elemente des übergeordneten europäischen Netzes – vorangetrieben werden.

Spielberg NEU

Und auch die „Geheimgespräche" mit Dietrich Mateschitz und wichtigen Partnern aus der Autoindustrie – dem damaligen VW-Boss Bernd Pischetsrieder, der an einer besonders malerischen Stelle des steirischen Weinlands einen Zweitwohnsitz sein Eigen nennt, den Magna-Capos Frank Stronach und Siegfried Wolf sowie dem KTM-Eigner Stefan Pierer – zeitigten Erfolge. Ein auf immerhin noch beachtliche 150 Mio. Euro Investitionsvolumen redimensioniertes und realistisches Projekt „Spielberg neu" wurde auf die Beine gestellt – mit dem tüchtigen damaligen Vorstandschef der im Motorsport engagierten High-Tech-Firma Pankl Racing AG, Ernst Wustinger, als ehrenamtlichem Geschäftsführer und dem vielfach als Partner der Landesregierung in heiklen Wirtschaftsfragen bewährten Leopold Gartler als Berater. Hinter den Kulissen brachte sich wesentlich der auch in der Energiewirtschaft gut vernetzte Vizechef der steirischen Wirtschaftskammer, Gilbert Frizberg, ein, dem Klasnic auch die Vertrauensposition des Landesparteifinanzreferenten der Steirischen Volkspartei in der Nachfolge des Langzeit-Raiffeisen-Generaldirektors Georg Doppelhofer übertragen hatte, der in Pension gegangen war.

Auch bei „Spielberg neu" waren Schüssel & Co für Klasnic unterstützend tätig, so wie Wirtschaftsminister Bartenstein bereits in den ersten Wochen des Jahres 2005 ein großes Investitionsförderungsprogramm für steirische Betriebe – speziell für solche im Umfeld der Region Aichfeld-Murboden – vorgelegt hatte. Dieses wurde durch ein zusätzliches Wachstums- und Beschäftigungspaket des Landes verstärkt.

Hirschmann kandidiert

Am 1. Juni 2005 trat der „GAU" (= größter anzunehmender Unfall) für die Steirische Volkspartei ein: Gerhard Hirschmann machte seine Kandidatur für die Landtagswahlen offiziell und gab seiner „Liste Hirschmann" bewusst das mindestens doppeldeutige Kürzel „LH" (offiziell Liste Hirschmann, hinter gar nicht sehr vorgehaltener Hand mit der Abkürzung für Landeshauptmann kokettierend). Professionelle Politikbeobachter waren sich ziemlich einig. Ein prominenter Meinungsforscher sagte: „Die Hirschmann-Kandidatur wird ein gehöriges Durcheinander erzeugen. Die Lage in der Steiermark ist instabil; wenn Hirschmann antritt, ist es mit der ÖVP als Nummer 1 im Land vorbei."

Und der meistzitierte österreichische Politologe des beginnenden 21. Jahrhunderts, Peter Filzmaier, meinte: „Das Antreten Hirschmanns stört den Zweikampf Klasnic gegen Voves, was zum Problem der ÖVP wird, die genau dieses Duell anstrebt."

Was nun folgte, war über weite Strecken ziemlich unersprießlich und eine Schlammschlacht. In dem Magazin „News" veröffentlichte dessen Herausgeber Alfred Worm, der seit Jahrzehnten den Ruf des „Aufdeckers der Nation" innehatte, am 30. Juni 2005 Kernpunkte des 1,2 Mio. Euro schweren Vergleichs zwischen Hirschmann und ESTAG. Gleichzeitig warf Worm Hirschmann vor, nicht hinreichend bekannt gegeben zu haben, wie viel und an wen er diese Gelder gespendet habe.

Am 6. Juli 2005 berichtete die Wiener Politikjournalistin Anneliese Rohrer im „Kurier" von einem Gespräch mit Hirschmann: „Diese Bagage muss weg. 500 VP-ler lagen vor mir auf den Knien und bettelten. Gerhard tritt an, die Bagage muss weg! Eine Zufallsbegegnung in der Wiener Innenstadt war Anlass für diesen Ausbruch. Die ‚Bagage' war immerhin 23 Jahre seine politische Familie."

Klasnic und ihr Team versuchten immer wieder, Sachthemen und Leistungen in den Wahlkampf einzubringen. Es wurde auf die besten Beschäftigungs-, Wirtschaftswachstums- und Forschungszahlen aller österreichischen Bundesländer, aber auch auf Initiativen wie die Einrichtung des ersten österreichischen Pflegelehrstuhls in Graz verwiesen, der vom unter Klasnic geschaffenen „Zukunftsfonds" des Landes massiv gefördert wurde.

Es nützte alles nichts. Neben den direkten parteipolitischen Auswirkungen wurde auch das allgemeine Stimmungsbild über die Steiermark immer negativer – ein bitterer Rückschlag, nachdem es ohnehin Jahre gebraucht hatte, das Bild von „Armenhaus" und „Industriefriedhof" durch „Aufsteiger" und „Erfolgsstory" zu ersetzen. Obwohl Klasnic spät, aber doch bei den Maßnahmen zur Zukunftssicherung des Tierparks Herberstein die Stopptaste gedrückt und eine definitive Entscheidung erst für die Zeit nach der Landtagswahl angekündigt hatte, goss der Anfang August fertiggestellte Rohbericht des Landesrechnungshofes neues Öl ins Feuer: Es wurden diverse Malversationen im Zusammenhang mit Rechnungen aufgezeigt, ein ehemaliger Herberstein-Bediensteter erstattete Selbstanzeige wegen steuerlich nicht gemeldeter Einnahmen.

Rechtlich war die Causa Herberstein somit ein Fall für den Staatsanwalt und die Steuerbehörden geworden, politisch ein noch schwererer Mühlstein für Klasnic. Ab diesem Zeitpunkt registrierten die publizierten und nicht publizierten Umfragen nahezu aller Meinungsforschungsinstitute die Führung der Voves-SP vor der Klasnic-VP in der Wählergunst, wobei wie so oft die Prognosen von OGM-Chef Wolfgang Bachmayer am treffsichersten waren. Hirschmann, dessen hochgesteckte Erwartungen sich in den Umfrage-Ergebnissen ebenfalls nicht wiederfanden, verschärfte seine Attacken auf Klasnic. Besonders grotesk wirkte seine scharfe Kritik und Rücktrittsaufforderung an Klasnic im Zusammenhang mit dem Tierpark Herberstein, wodurch er seine Rolle als ehemaliger Fördergeber kaschieren zu wollen schien.

Ein letzter entscheidender Schlag im Zuge der Problem-Serie war die Veröffentlichung im „News" vom 1. September 2005, dass Hirschmann zusätzlich zur bereits bekannten ESTAG-Abfertigung bisher nicht bekannte 291.510 Euro für den Vergleich erhalten hatte. Diese „Enthüllung" brachte den „Aufdecker" und „Saubermann" Hirschmann zwar in schwere Turbulenzen, aber an Waltraud Klasnic wurde die drängende und nie vollständig beantwortete Frage gestellt, woher diese Gelder kamen. Als sie wenige Tage vor der Publikation davon erfuhr, dass Alfred Worm im Besitz dieser brisan-

Internationale Frauensolidarität: Waltraud Klasnic und Hillary Clinton

ten Unterlagen war, bat sie diesen – wie er auch in Interviews bestätigte – dringlich, von deren Veröffentlichung Abstand zu nehmen. Bis heute ist, wie bei vielen anderen von ihm aufgedeckten Themen, z. B. AKH-Wien, Bauring Wien oder später BAWAG, nicht bekannt, woher er sich diese Materialien beschafft hat. Der Anfang 2007 verstorbene Worm, der wenige Tage vor seinem plötzlichen Tod als österreichischer Journalist des Jahres 2006 geehrt worden war, nahm sein diesbezügliches „Wissen" mit ins Grab. Bekannt ist, dass es im Frühjahr 2004 einen Personenkreis gab, der damals – letztlich aber nur für einige Monate erfolgreich – versuchte, einen Ausgleich zwischen Hirschmann, ESTAG und Klasnic herbeizuführen. Ex-Landesrat Fuchs bestätigte dies auch öffentlich.

Die Umfragen signalisierten wenige Wochen vor dem Wahltag einen mindestens 2- bis 5-prozentigen Vorsprung der SP vor der VP, mäßige Gewinne der Grünen und einen „Hinausflug" der FPÖ aus dem Landtag. Es war also eine in der steirischen Geschichte des „dritten Lagers" erstmalige Situation zu erwarten: Seit der Erstkandidatur 1949 hatten die FPÖ und ihre Vorläufer immer mehr oder minder deutlich den Sprung ins Landesparlament geschafft. Im April 2005 war aber der seit der Beteiligung der FPÖ an der von Schüssel geführten Bundesregierung vorhandene innerparteiliche Strategiekonflikt so groß geworden, dass Jörg Haider und der Großteil der Bundesregierungsmitglieder, National- und Bundesräte aus der FPÖ austraten und das BZÖ (Bündnis Zukunft Österreich) gründeten. Der steirische FPÖ-Spitzenmann und Landeshauptmann-Stellvertreter (diese Position hatte ihm Klasnic bei den Regierungsverhandlungen zugestanden), Leopold Schöggl, blieb aber bei der „Altpartei" FPÖ. Dafür wurde sein Vorgänger als FP-Landeschef und Landesregierungsmitglied, Michael Schmid, von Haider als BZÖ-Spitzenkandidat für die Landtagswahl reaktiviert. Das Resultat war eine wechselseitige Paralyse: Die FPÖ versäumte um wenige Stimmen, das BZÖ deutlich den Einzug in den Landtag, der bei gemeinsamer Kandidatur gelungen wäre.

Für nichtsteirische Beobachter verblüffend stark lag die KPÖ mit Spitzenkandidat Ernest Kaltenegger in den Umfragen – bis zu 10 Prozent –, der sichere Einzug in den Landtag und möglicherweise sogar in die Landesregierung schien in Griffweite. Die KPÖ war seit

1970 nicht mehr im steirischen Landtag und auch in keiner anderen gesetzgebenden Körperschaft Österreichs vertreten und spätestens seit der Befürwortung des Einmarsches sowjetischer Truppen zur Niederschlagung des Ungarn-Aufstandes 1956 und des Prager Frühlings 1968 als orthodox-stalinistische Partei diskreditiert.

Der steirische Sonderfall liegt im Phänomen Ernest Kaltenegger begründet, der sich in der Grazer Kommunalpolitik profilierte. Er wurde mit seinem sanften Auftreten bei gleichzeitig inhaltlich scharfer Kritik an Privilegien und Politikritualen sowie seinen Aktionen – etwa der publikumswirksamen Verteilung seines Politikergehaltes an die „Armen" – nicht als Kommunist wahrgenommen, sondern als „ehrlicher Kämpfer für eine neue saubere Politik". Diese Positionierung wurde durch die Einbettung der FPÖ in das politische System der Landeshauptstadt Graz, wo sie auch nach dem Götz-Abgang den Vizebürgermeister stellte, gefördert. Kaltenegger zog viele Proteststimmen auch des bürgerlichen Lagers an sich und erreichte bei den Grazer Gemeinderatswahlen 2003 sensationelle 20,75 Prozent, womit die KPÖ nach ÖVP und SPÖ mit deutlichem Abstand zu FPÖ und Grünen drittstärkste Kommunalpartei wurde. Es war zu erwarten, dass viele der vom Polit-Hick-Hack der Steiermark der letzten Monate „Angewiderten" sich der Kaltenegger-Partei zuwenden würden.

Die unabwendbare Niederlage

In dieser für die Steirische Volkspartei nahezu verzweifelten Situation ersann das VP-Wahlwerbeteam eine Entlastungsoffensive: Durch den Hirschmann-Konflikt und die nie gefundene klare Strategie war der Funktionärskader ziemlich lethargisch. Es sollte alles versucht werden, um noch eine Mobilisierung zustande zu bringen: Schließlich drohe nicht nur ein roter Landeshauptmann, sondern auch der Einzug eines Kommunisten in die Landesregierung und eine SP-KP-Mehrheit, was dem Standort Steiermark nachhaltig Schaden zufügen würde. In der Tat berichteten vor allem mit US-Partnern in Geschäftsverbindung stehende steirische Wirtschaftstreibende, dass sie oft auf die „steirischen Kommunisten" angesprochen würden.

„Weiß-grün, nicht rot-rot sind unsere Landesfarben", lautete die Angstparole, welche die Steirer-VP zum Wahlkampf-Finale ausgab. Wie sehr das insgesamt wirkte, muss offen bleiben. Eine positive Wirkung für die Funktionärs-Seele hatte es: Trotz des Rückstands in den Umfragen, der normalerweise gerade bei VP-Anhängern eine demoralisierende Wirkung hat, gelang zumindest eine Teilmobilisierung.

Am zentralen Wahlergebnis änderte dies aber wenig. Gabriele Russ und Heinz P. Wassermann formulierten es in der Zusammenfassung der Studie *Wendezeit. Monitoring des steirischen Landtagswahlkampfes 05* (Leykam-Verlag 2006) folgendermaßen: „Für die heimischen Medien, egal ob Zeitungen, APA, ORF-Radio, Fernsehen oder Online-Publikationen, waren die steirischen Landtagswahlen vom 2. Oktober 2005 schon ein halbes Jahr zuvor entschieden. Eine Studie des Studienganges ‚Journalismus und Unternehmenskommunikation' der FH JOANNEUM, die von Studierenden des Jahrgangs JUK 04 durchgeführt wurde, hat ergeben, dass bereits im März d. J., also unmittelbar nach den Gemeinderatswahlen, die Berichterstattung auf einer medial ‚schiefen Ebene' gelaufen ist. Im Klartext: Das medial verbreitete Meinungsbild war für die SPÖ von Anfang stark positiv, für die KPÖ und die Grünen immerhin leicht positiv. Nahezu spiegelverkehrt lief es in der veröffentlichten Meinung für die ÖVP: In keiner der drei Erhebungsphasen schaffte sie es, ein positives Meinungsklima für sich zu generieren. (...) Als absolut desaströs stellte sich die Medien-Performance für die Volkspartei in der Kategorie Skandale dar: Es gelang ihr nie, sich vom Skandal-Image zu lösen, wenngleich festzustellen ist, dass es die anderen Parteien auch nicht schafften, das Thema Skandale für sich überzeugend positiv umzumünzen. Das von Parteien meistgefürchtete Szenario, die Austragung innerparteilicher Kontroversen über die Medien, traf im Landtagswahlkampf ebenfalls voll die ÖVP. (...) Das Thema schlechthin im Wahlkampf 05 war für die Medien jedoch eine genuine Domäne ihrer Art: die Spekulation. Von März an waren Wahlprognosen das Lieblingsthema der Medien. (...) Unmittelbar vor dem 2. Oktober hatte sich das Bild vom März verfestigt. Positive Positionierung für SPÖ, KPÖ und Grüne, negative Szenarien für ÖVP und FPÖ, aber auch für LH [Liste Hirschmann], BZÖ und Parteifreie."

Auch Otto von Habsburg besuchte die Grazer Burg. In Waltraud Klasnics Amtsraum hing symbolträchtig ein Porträt von Kaiserin Maria Theresia.

Auch wenn es durch die „hausgemachten" Themen in den Hintergrund gedrängt wurde: Es gab außerdem noch einen Bundestrend, der bei allen Wahlgängen seit Fortsetzung der VP/FP-Koalition 2003 der SP Zuwächse brachte.

Die SPÖ gewann am 2. Oktober also 9,35 Prozent auf 41,67 Prozent hinzu, die Klasnic-VP fiel um 8.63 Prozent auf 38.66 Prozent zurück. Drittstärkste Partei wurde die Kaltenegger-KPÖ, die zwar deutlich unter den Umfragewerten und der Landesregierungs-

Zwei Frauen, die viele männliche Widerstände überwinden mussten: Die heutige deutsche Bundeskanzlerin Angela Merkel, damals Umweltministerin, begegnete Waltraud Klasnic 1998 erstmals und stand mit dieser seither immer wieder in Kontakt.

schwelle blieb, aber auf 6,34 Prozent kam und die Grünen abhängte, die ebenfalls Verluste verzeichnen mussten – von 5,61 auf 4,73 Prozent. FPÖ, Hirschmann und BZÖ blieben außen vor. Die neue Mandatsverteilung im Landtag lautete SP 25 (plus 6), VP 24 (minus 3), KP 4 (neu), Grüne 3 (wie bisher).

Selbstverständlich fanden bereits am Nachmittag des Wahltages im Büro der schwer getroffenen, abtretenden Landeschefin die ersten Beratungen statt, wie es in der Volkspartei nach dieser historischen Wahlniederlage weitergehen sollte. Entgegen manchen wohlmeinenden Einflüsterungen, sie solle doch – weil sie erst in zwei Jahren eine Landeshauptmann-Pension erhalten werde – zumindest ihr Landtagsmandat behalten, übernahm Klasnic am Wahlabend die volle Verantwortung für das Wahlergebnis und kündigte ihren

Waltraud Klasnic bei ihrer erstmaligen Angelobung als Landeshauptmann im Jänner 1996 mit v. l. Sohn Simon, Schwiegertochter Ulrike, Tochter Michaela, Ehemann Simon, Schwiegertochter Marianne und Sohn Horst.

Waltraud Klasnic mit ihren fünf Enkelkindern Simon, Laura, Waltraud, Martin und Josef

Am Zenit ihres politischen Wirkens war Waltraud Klasnic eine zwar sanfte, aber zugleich erfolgreiche Dompteuse.

2003 besuchte Michail Gorbatschow die Steiermark – im Bild mit Waltraud Klasnic, Hermann Schützenhöfer und dem Autor Herwig Hösele, der damals Bundesratspräsident war.

Rückzug aus Landtag und Landesregierung an. Sie legte – obwohl sichtlich gezeichnet und in einem seit mehr als zwei Jahren höchst angespannten Nervenkostüm – eine bemerkenswerte Haltung an den Tag.

Ihr wichtigstes Anliegen für die verbleibende Zeit als Landesparteiobmann und Landeshauptmann war es, in dieser schwierigsten Situation, welche die Steirische Volkspartei seit 1945 vorfand, den Übergang so gut wie möglich zu organisieren und allenfalls aufbrechende Flügelkämpfe zu verhindern.

Noch am Wahlabend führte sie ein ausführliches und gutes Gespräch mit Hermann Schützenhöfer, den sie am Tag darauf dem Landesparteivorstand als Chefverhandler und neuen Spitzenmann im VP-Regierungsteam vorschlug.

Man wird nicht fehlgehen in der Annahme, dass es für Schützenhöfer mehr das Verantwortungsgefühl und nicht die Freude war, was ihn bewog, nach reiflicher Erwägung diesem Vorschlag zuzustimmen.

Schützenhöfer, der übrigens am selben Tag wie Klasnic – am 23. Juni 1981 – in den Landtag eingezogen war, ist durch seine lange Erfahrung der wohl beste Kenner der Seelenlage und inneren Verfassung der Steirischen Volkspartei. An allen Landtagswahlkämpfen seit 1974 hatte er führend mitgewirkt und er war vom „politischen Jungstar" zum kenntnisreichen und soliden Politprofi mit Substanz gereift – zu einem Mann, der auch bei schlechter Witterung sein Fähnchen nicht nach dem Wind hängt, sondern Position hält. Genau das war jetzt zur Stabilisierung und Konsolidierung gefordert.

Der Hirschmann-Konflikt hatte ihm zweifellos schwere innere Anspannungen beschert – war er doch persönlich mit Hirschmann befreundet und konnte dennoch nicht ausreichend zur Befriedung beitragen. In größter Loyalität kämpfte er an der Seite Waltraud Klasnics für den schließlich ausgebliebenen Landtagswahlerfolg am 2. Oktober. Wenn diese Wahl nochmals die Mehrheit für Klasnic gebracht hätte, wäre er wohl im Laufe der Legislaturperiode – etwa 2008 – von ihr als neuer Landeshauptmann vorgeschlagen worden. Obwohl Klasnic sich dazu nie äußerte, ist aus ihrer Lebensphilosophie und ihrem Verhalten zu schließen, dass sie so gedacht hat. Ein solcher harmonischer Übergang wäre wohl im Interesse aller Beteiligten gewesen.

Schöne Anerkennung und herbe Enttäuschungen

Bei vielen Menschen war die Betroffenheit über die Wahlniederlage Klasnics groß. Unmittelbar vor der Landtagswahl schrieben noch der damalige „Standard"-Chefredakteur Gerfried Sperl und Ernst Trost: „Die nackten Fakten sprechen für Klasnic: Graz ist zu einem starken Standort der Autoindustrie geworden. Im oberen Murtal ist Holz ein Motor der Innovation. Zwischen Leoben und Mürzzuschlag ist die Erholung unübersehbar. Selbst der Energiekonzern ESTAG ... ist in guter Verfassung. Getrieben wird die Entwicklung noch dazu von vielen wissenschaftlichen Ambitionen." (Sperl)

„Es ist erschütternd, wie da versucht wird, eine integre, ehrliche und von tiefer Menschlichkeit geprägte Politikerin systematisch zu zerstören." (Trost)

Wolfgang Schüssel, den die Niederlage seiner engen politischen Weggefährtin besonders schmerzte, sprach noch am Wahlabend von „goldenen Jahren", welche die Ära Klasnic der Steiermark beschert habe.

Hochinteressant sind in diesem Zusammenhang die Aussagen des aus der Steiermark stammenden Schauspiel-Stars Peter Simonischek und der in der Steiermark geborenen Literaturnobelpreisträgerin Elfriede Jelinek:

„Obwohl ich politisch eher auf der anderen Seite bin, tut es mir leid um Waltraud Klasnic, einen integren, herzensguten Menschen. Aber Dynamik von einer Hiobsbotschaft nach der anderen hält auch die stärkste Frau nicht aus." (Simonischek)

„Es tut mir um Waltraud Klasnic leid, die buchstäblich den uneinigen Brüderchören, die in ihrer Falschheit Treue geschworen hatten, zum Opfer gefallen ist. Eine bemerkenswerte Frau, und wieder eine Frau weniger in der österr. Politik. Man darf ja nicht vergessen, dass die steirische ÖVP liberalere und auch weltläufigere und kunstfreundlichere Traditionen hat als die Bundes-ÖVP." (Jelinek)

Während Klasnic also Anerkennung und Sympathie quer durch die Bevölkerung erfuhr, erlebte sie in ihrer Partei bittere Tage. Nahezu alle ihre Personalwünsche wurden ihr in teils wenig rücksichtsvollem Ton abgeschlagen. Besonders traf sie, dass sich unter den Hauptbetreibern der Anti-Klasnic-Fronde Personen befanden,

Als Gouverneur von Kalifornien 2004 zu Besuch in der Grazer Burg: Arnold Schwarzenegger mit Josef Krainer, Waltraud Klasnic und seinem steirischen Mentor und „Ziehvater", Bundesratspräsident i. R. Alfred Gerstl

die in den letzten Jahren ausschließlich durch ihre Initiative in wichtige Funktionen gekommen waren, und dass andere, die sie zu ihrem engeren Kreis zählte, schwiegen – beides aus durchaus persönlichen Motiven.

Vor allem verfehlte Personalpolitik, mangelndes Krisenmanagement und zu großer Einfluss „unfähiger Berater" wurden ihr vorgeworfen.

Symptomatisch für das Klima ist ein Artikel von Walter Müller im „Standard" am 10. Oktober 2005 unter dem Titel „Angst in steirischer ÖVP unter dem Chaos": „Was sich in diesen Tagen in der ÖVP seit der schweren Wahlniederlage, die die Vormacht im Land gekostet hat, abspielt, gleicht ‚Pradler Ritterspielen', wo immer und immer wieder nach dem Kopf eines Schuldigen gerufen wird. In der politischen Realität befindet sich die Volkspartei jedenfalls in einer existenziell überaus kritischen Situation. Es geht die Angst vor einem drohenden Chaos um. (…) Noch ist nicht ausgemacht, dass Schützenhöfer am Ende des Tages an der Parteispitze sitzen bleiben wird. Obwohl rundum und vor allem von ihm selbst lautstark dementiert, soll ÖVP-Generalsekretär Reinhold Lopatka in die Steiermark zurückgeschickt werden. (…) Lopatka ließ mehrere Gesprächspartner wissen, dass er gerne zurück nach Graz käme. Von wo er ja nicht ganz freiwillig von Klasnic nach Wien geschickt wurde. Lopatka wollte nach Klasnics Wahltriumph 2000 Landesrat werden, wurde aber ins Generalsekretariat nach Wien gelotst. Er habe sich irgendwie ‚hinausgestoßen gefühlt', weiß einer aus Lopatkas Runde. Er könnte sich, aufgewertet etwa durch die Parteigeschäftsführung, den Landesratswunsch erfüllen. (…) Die zweite starke Bundespersönlichkeit, die es nach Graz drängt und die hier in der Steiermark ‚aufmischen' sollte, ist Bauernbundpräsident Fritz Grillitsch. Auch ihm werden starke Gelüste auf einen Landesratsjob nachgesagt. Zudem könnte er gemeinsam mit Lopatka und Schützenhöfer eine starke Achse bilden. Es ist aber noch nicht aller Tage Abend. Offen ist, ob die Bünde und Lokalgrößen eine Veränderung von außen zulassen werden. Zudem müssten die bereits für die Regierung gesetzten Agrarlandesrat Johann Seitinger und Finanzlandesrätin Kristina Edlinger-Ploder auf ihr Amt verzichten. Weiter für Unruhe wird auch die Hartnäckigkeit von Parteigeschäftsführer Andreas Schnider, Bundesrat Herwig Hösele und Ex-Landesrat Schöpfer sorgen, die einen Verzicht auf ihre Mandate ablehnen."

Gerald Schöpfer hatte wenige Tage nach der Landtagswahl angekündigt, seine Position als Wirtschaftslandesrat zur Verfügung zu stellen, verblieb aber im Landtag. Andreas Schnider gab am Tag nach der Wahlniederlage seinen Rücktritt als Parteigeschäftsführer bekannt und verblieb im Bundesrat, obwohl ihm ein Landtagsmandat zugestanden wäre. Der Autor schied aus dem Bundesrat aus. Kristina Edlinger-Ploder verblieb als einzige Frau genauso wie Hans Seitinger im VP-Landesregierungsteam, in das Hermann Schützenhöfer als neuen Wirtschafts- und Finanzlandesrat Christian Buchmann berief, der seit 2003 sehr erfolgreich als Grazer Stadtrat für Wirtschaft und Kultur tätig war.

Die Ränke gingen sogar so weit, dass Klasnic die letzte Landesparteivorstandssitzung vor der Neuwahl des Landeshauptmannes

Waltraud Klasnic mit ihrer Vertrauten Ingrid Koiner und Chefsekretärin Anneliese Weixler

durch den Landtag am 24. Oktober vorzeitig unter Tränen verließ. Trotz der widrigen Umstände war Hermann Schützenhöfer, wie auch von ihr beabsichtigt, mittlerweile als unumstrittener Sprecher der Steirischen Volkspartei akzeptiert.

Nachdem sie alle persönlichen Utensilien zusammengepackt hatte, übergab sie am Abend des 24. das Büro in der Grazer Burg an Hermann Schützenhöfer, verabschiedete sich von ihrem loyalen und engagierten Büroleiter Wolfgang Wlattnig, trank mit einigen ihrer engsten Büromitarbeiter – Nicole Prutsch, Hartmut Funtan und Richard Mayr – noch ein Glas Rotwein und bestieg um etwa 21.00 Uhr ein letztes Mal ihr Dienstauto – ihre treuen Chauffeure Otto Baumgartner, Franz Meixner und Hans Pojer hatten sie im letzten Jahrzehnt über nahezu eine Million Kilometer unfallfrei pilotiert.

Es ist darüber gerätselt worden, warum Klasnic nicht am 25. Oktober zur Landtagssitzung ging, bei der Franz Voves zum Landeshauptmann gewählt wurde. Aus der Sicht Klasnics war das eindeutig: Sogar ihr Amtsvorgänger Josef Krainer hatte nach einer kurzen Erklärung noch vor ihrer Wahl zum Landeshauptmann am 23. Jänner 1996 den Landtag verlassen – er wollte lediglich ein positives Wort an sie richten und seiner Freude darüber Ausdruck geben, dass es mit einer VP-Landeschefin gut weitergehen könnte. Waltraud Klasnic konnte ihr Amt als Landeshauptmann aber nicht an einen von ihr erwünschten VP-Kandidaten weitergeben – außerdem war in der persönlich geführten Wahlkampagne von Voves gegen Klasnic viel zerbrochen.

Als Landesparteiobfrau berief Klasnic für 18. März 2006 den Landesparteitag der Steirischen Volkspartei ein, bei dem sie Hermann Schützenhöfer als Landesparteiobmann vorschlug. Schützenhöfer, der in den letzten Monaten zur unumstrittenen Führungspersönlichkeit der Steirer-VP geworden war und diese auf einen Konsolidierungskurs getrimmt hatte, wurde mit dem „Traumergebnis" von 98,63 Prozent der Delegiertenstimmen gewählt. Eine gute Startrampe für den steinigen Weg, auf den er sich konsequent gemacht hat, um den Landeshauptmann für die Volkspartei wiederzugewinnen.

Der Rückzug aus der Spitzenpolitik ist immer ein höchst heikler Vorgang. Meist werden dem/der Abgehenden irgendwo Infrastrukturen mit Sekretariaten und Aufsichtsratsvorsitzen eingerichtet – oftmals richtig und legitim, weil die Erfahrung und Kompetenz genützt werden kann. Manch einer – wie Bruno Kreisky – hielt seine Partei mit laufenden unliebsamen Kommentierungen auf Trab, andere wiederum gingen ins „Exil" – wie z. B. die Ex-Bundeskanzler Josef Klaus, der den Großteil seiner Zeit auf den kanarischen Inseln verbrachte, und Viktor Klima, der einen Managerjob in Südamerika annahm.

Josef Krainer und Waltraud Klasnic – obwohl beide ganz unterschiedliche Persönlichkeiten – handelten anders. Krainer und Klasnic verzichteten in der Steiermark auf alle ihnen angebotenen Sinekuren, sind oft auf Veranstaltungen präsent, enthalten sich aber jeglicher öffentlicher politischer Äußerung. Intern wollen sie nach Kräften mithelfen, dass ihre Nachfolger in der Steirischen Volkspartei erfolgreich sind – so hielt es Krainer mit Klasnic, so halten es Krainer und Klasnic mit Schützenhöfer.

Josef Krainer war bereit, auch nach seiner Zeit als Landeshaupt-

Eine enge und lange Zusammenarbeit: Waltraud Klasnic und der Landesparteiobmann der VP seit 2006, Hermann Schützenhofer

mann einige Ehrenämter in der Steiermark für Vereine wahrzunehmen – Waltraud Klasnic tut dies für Vereine und Institutionen vor allem mit Fokus Wien – etwa als Vorsitzende des „Zukunftsfonds der Republik Österreich", der Projekte zur Vergangenheits- und Zukunftsbewältigung im Geiste der Toleranz und Versöhnung fördert, und des bei internationalen Hilfsprojekten tätigen „Hilfswerk Austria" und als eine der österreichischen Vertreterinnen beim Wirtschafts- und Sozialausschuss der EU in Brüssel.

Ziel erreicht?

Josef Krainer war über 15 Jahre, Waltraud Klasnic knapp 10 Jahre Landeshauptmann. Das sind lange, für den österreichischen Föderalismus aber nicht ungewöhnliche Zeiträume, die in der Bundespolitik kaum jemand erreicht: Bruno Kreisky war 13 Jahre Bundeskanzler, Franz Vranitzky kam auf 10, Julius Raab und Leopold Figl auf je 8, Wolfgang Schüssel auf 7, Josef Klaus auf 6 und Viktor Klima gar nur auf 3 Kanzlerjahre.

Die Funktionszeiten erfolgreicher Landeshauptleute haben sich naturgemäß im Vergleich zu früheren Jahrzehnten verkürzt – die 26 Jahre des Oberösterreichers Heinrich Gleißner (1945–1971), die 24 Jahre des Tirolers Eduard Wallnöfer (1963–1987) oder die 23 Jahre von Josef Krainer I (1948–1971) werden wohl kaum erreichbare Rekorde bleiben. In den letzten Jahrzehnten oszillierten die Aktivzeiten österreichischer Landeshauptleute meist um zehn bis zwölf Jahre – etwa Siegfried Ludwig (Niederösterreich, 1981–1992), Martin Purtscher (Vorarlberg, 1987–1997), Karl Stix (Burgenland, 1991–2000), Wendelin Weingartner (Tirol, 1993–2002) oder Helmut Zilk (1984–1994) – oder lagen darunter – wie Alois Partl (Tirol, 1987–1993), Hans Katschthaler (Salzburg, 1989–1996) oder Christof Zernatto (Kärnten, 1991–1999). Von den im Herbst 2007 amtierenden neun Landeshauptleuten waren vier von neun, nämlich Michael Häupl (Wien), Erwin Pröll (Niederösterreich), Josef Pühringer (Oberösterreich) und Herbert Sausgruber (Vorarlberg) zehn Jahre oder länger in dieser Funktion.

Haben Josef Krainer und Waltraud Klasnic, der letzte Landesfürst und die erste Landesmutter in Österreichs Demokratie, ihr Ziel erreicht?

In ihrem Hauptanliegen sicher. Die Steiermark, die sie über 25 Jahre führend gestaltet haben, steht so gut da wie noch nie in ihrer Geschichte. Dabei waren, wie vor allem die ersten Jahre der Ära Krainer unterstreichen, härteste wirtschaftliche Prüfungen zu bestehen.

Im angebrochenen 21. Jahrhundert ist die Steiermark das wirtschaftlich dynamischste und forschungsintensivste Bundesland Österreichs.

Und was die Standortqualität betrifft, ist ein alter steirischer Traum Realität geworden. Schon Josef Krainer I warb bereits 1959 mit den Worten: „Wir dürfen nicht in der Neutralität verhungern", für die bestmögliche Integration Österreichs in die damals zwei Jahre davor gegründete Europäische Wirtschaftsgemeinschaft (EWG, heute EU). Seit 1995 ist Österreich EU-Mitglied, seit 1989 sind die südöstlichen Nachbarn Demokratien, seit 2004 sind Slowenien und Ungarn EU-Mitglieder und Kroatien auf dem besten Weg dorthin.

Im Europa der Regionen kann die Steiermark ihre Rolle als dynamisches, vor allem geistig-kulturelles und wissenschaftliches Zentrum einer Zukunftsregion im Südosten Europas im Zusammenspiel mit den Nachbarn und damit eigentlich die historisch gewachsene Position der früheren Habsburger Residenz „Innerösterreich" einnehmen.

Alle Regionen der Steiermark, die sich als Österreichs Bundesland der Vielfalt und als grünes Herz in der Mitte Europas empfindet, haben ihre Chancen profiliert – vom ewigen Eis am Dachstein bis zum Weinland.

Die Kunst- und Kulturszene entfaltet sich weiter kreativ. Die Lebensqualität ist hoch. Turbokapitalistischen Tendenzen, welche die zwischenmenschlichen Beziehungen und die Solidarität zu zerstören drohen, werden hintangehalten.

Wenn sie dies betrachten, können Landesfürst und Landesmutter eine gute Bilanz ziehen – sie haben wesentlich dazu beigetragen, Probleme zu bewältigen, die Lebenschancen der Steirerinnen und Steirer zu verbessern und nachhaltig wirkende, zukunftsweisende Entwicklungen einzuleiten, deren Früchte weiter geerntet werden können. So wurden auch im Verkehrsbereich wichtige Weichenstellungen vorgenommen, deren Tragweite erst in kommenden Jahrzehnten voll erkennbar werden. Dies ist in der zwischen 1980 und 2005 radikal schnelllebiger und kurzatmiger gewordenen Zeit, in welcher der Zeitgeist und die Schlagzeilen immer rascher wechseln, wahrlich nicht wenig, auch wenn Dankbarkeit keine politische Kategorie ist. Und auch unter dem Aspekt, dass sie schmerzlich erfahren mussten, dass stereotyp medial und politisch wiederholte Kritikpunkte prinzipiell ihre Wirkung nicht verfehlen und speziell jeweils gegen Ende ihrer Amtszeit als Landeshauptmann ihren Tribut forderten.

(Nur in Klammern sei angemerkt, dass auch die Themen ESTAG und Herberstein im Klasnic'schen Sinne behandelt worden sind, nachdem sich die Nebelschwaden des Wahlkampfes 2005 gelichtet hatten. Zur ESTAG stellte der derzeitige Landeshauptmann Voves ein Jahr nach der Wahl fest, dass es gelungen sei, diesem für die Steiermark so wichtigen Energiekonzern neue, effizientere Strukturen zu geben und dass er dafür den Herren Schachner-Blazizek und Ditz, die diesen Weg vorbereitet haben, ein „großes Kompliment" ausspreche. Und der Tierpark Herberstein ist durch die stringente Verhandlungsführung von Hermann Schützenhöfer unter Applaus von Franz Voves gerettet und vom Land übernommen worden.)

Auch wenn vieles durch internationale und österreichische Entwicklungen vorgegeben ist, gibt es keinen sozio-ökonomischen Determinismus. Politik kann nicht vom Reißbrett aus entworfen werden, sondern es braucht zur Verwirklichung von Zielvorstellungen politische Strategien, die auf Stimmungen, Mehrheitsverhältnisse, psychologische und emotionale Befindlichkeiten Rücksicht nehmen. Es wäre ein fundamentales Missverständnis, Politik als reine Sachpolitik zu interpretieren. Die Kunst der Politik besteht darin, Sachkenntnis, Medien- und Öffentlichkeitsarbeit sowie Überzeugungsarbeit bei Entscheidungsträgern und Betroffenen im richtigen Mix miteinander zu verbinden. Politik gegen Medieninteressen und -bedürfnisse erfolgreich zu betreiben, ist genauso unmöglich, wie permanent gegen die Interessen der Bevölkerung zu entscheiden. Medien und Öffentlichkeit können im Gegenteil eine wesentliche Unterstützung bei der Durchsetzung richtiger politischer Entscheidungen sein. Wellenreiten auf augenblicklich populären Stimmungen birgt allerdings ebenfalls hohe Sturzgefahr. Manchmal muss auch die eigene „Ohnmacht" zur Kenntnis genommen werden, nämlich dass trotz bester Absichten als richtig erkannte Schritte nicht gesetzt werden können, Lösungen und Ziele unerreichbar bleiben. Die Politik wird immer von Menschen gestaltet. Und es gibt den Primat der Politik – auch unter den Bedingungen der viel zitierten globalisierten Wirtschaft. Selbst wenn man zusätzlich in Rechnung stellt, dass der reale Aktionsradius der Landespolitik durch die

Josef Krainer mit seinen LH-Kollegen Christof Zernatto (Kärnten), Alois Partl (Tirol), Josef Ratzenböck (Oberösterreich), Hans Katschthaler (Salzburg), Siegfried Ludwig (Niederösterreich) und Martin Purtscher (Vorarlberg) bei einem Treffen auf Einladung von Hermann Schützenhöfer 2007 in der Steiermark

Kompetenzlage begrenzt ist, kann sehr viel bewusstseins- und meinungsbildend erreicht werden, können Atmosphäre und Rahmenbedingungen geschaffen werden. Erfolgreiche politische Entscheidungen – vor allem die Wahl ihres Zeitpunktes – sind oft neben dem sachlich-rationalen Zugang von Instinkt und Intuition geprägt – mit beidem waren Krainer und Klasnic in ihren besten Zeiten hervorragend ausgestattet. Vor allem die Prinzipien Hoffnung und Verantwortung haben sie geleitet.Es ging ihnen insbesondere auch um die Erfüllung des Postulats des früheren deutschen Bundespräsidenten Richard von Weizsäcker, der den Auftrag der Politik darin sieht, „das Zukunftsorientierte und Notwendige mehrheitsfähig zu machen". Unter all diesen Aspekten haben Landesfürst und Landesmutter sehr erfolgreich gewirkt. Ihr Weg war nicht linear nach oben führend, sondern es gab ein Auf und Ab, es waren immer wieder

Hindernisse zu überwinden. Krainer und Klasnic mussten auch Niederlagen hinnehmen – nur wer aus diesen zu lernen vermag und daran wächst, der hat den „Beruf zur Politik", wie ihn der große deutsche Soziologe Max Weber 1919 im Schlussabsatz seines berühmten Essays unvermindert gültig formulierte:

„Die Politik bedeutet ein starkes langsames Bohren von harten Brettern mit Leidenschaft und Augenmaß zugleich. Es ist ja durchaus richtig, und alle geschichtliche Erfahrung bestätigt es, dass man das Mögliche nicht erreichte, wenn nicht immer wieder in der Welt nach dem Unmöglichen gegriffen worden wäre. Aber der, der das tun kann, muss ein Führer und nicht nur das, sondern auch – in einem sehr schlichten Wortsinn – ein Held sein. Und auch die, welche beides nicht sind, müssen sich wappnen mit jener Festigkeit des Herzens, die auch dem Scheitern aller Hoffnungen gewachsen ist, jetzt schon, sonst werden sie nicht imstande sein, auch nur durchzusetzen, was heute möglich ist. Nur wer sicher ist, dass er daran nicht zerbricht, wenn die Welt, von seinem Standpunkt aus gesehen, zu dumm oder zu gemein ist für das, was er ihr bieten will, dass er all dem gegenüber: ‚dennoch!' zu sagen vermag, nur der hat den ‚Beruf' zur Politik."

Unzählige Male werden sich Krainer und Klasnic die Frage vorgelegt haben, was man hätte anders und besser machen können, ob man gewisse Entwicklungen, die sich wahl- und parteipolitisch negativ ausgewirkt haben, doch hätte besser steuern können. Für Josef Krainer waren die Erfolge von Waltraud Klasnic nach 1996 und ihr Wahltriumph 2000 wohl die Bestätigung, dass er auch parteipolitisch zumindest vorläufig sein Ziel erreicht hat. Für Josef Krainer und Waltraud Klasnic wird die über die entscheidende positive Zukunftsentwicklung der Steiermark hinausgehende Wunschvorstellung erst dann realisiert werden, wenn wieder ein von der Steirischen Volkspartei nominierter Landeshauptmann die Hauptverantwortung trägt. Es ist wohl der innige Wunsch beider, dass dies so rasch wie möglich gelingt.

Ein persönliches Nachwort

Dieses Buch wurde nach bestem Wissen und Gewissen und in der Bemühung um Hintanhaltung subjektiver Wertungen und Emotionen geschrieben. Dennoch erscheint mir ein persönliches Nachwort, vor allem zu meiner Funktion zwischen 1980 und 2005, ein Gebot der intellektuellen Redlichkeit zu sein. Denn es gab nicht wenige, die glaubten, ich sei einer der „Chefeinflüsterer" von Josef Krainer und Waltraud Klasnic gewesen und damit wesentlich verantwortlich für die Wahlergebnisse 1995 und 2005. Abgesehen davon, dass mein Einfluss weit überschätzt wurde, fühle ich mich selbstverständlich auch im Rahmen der mir gegebenen und zugewachsenen Aufgabenstellung mitverantwortlich. Ich durfte – 1976 von der faszinierenden Persönlichkeit Josef Krainer in den hauptamtlichen Mitarbeiterstab geholt – in mehr oder minder gleich gebliebener Aufgabenstellung sieben Landtagswahlkämpfe mitgestalten – fünf endeten sehr bis eher erfolgreich, zwei leider negativ. Vieles durfte ich mitformulieren und mitgestalten, ich habe in diesen spannendsten Jahren meines Lebens unendlich viel gelernt.

Ich danke Josef Krainer und Waltraud Klasnic für das große Vertrauen und die Möglichkeiten, die sie mir gegeben und geschenkt haben. Die Arbeit unter und mit ihnen bzw. für sie war ein großes Privileg. Das Einzige, was ich sicher zurückgeben konnte und kann, war unbedingte Treue und absolute Loyalität zu beiden. Bei dem, was ich sachlich einbringen konnte, werden wohl auch viele menschliche Unzukömmlichkeiten dabei gewesen sein. Ernst Sittinger, damals „Steiermark"-Chef der „Presse", führte ein Interview mit mir, das am 28. Dezember 2005 veröffentlicht wurde, in dem ich spontan und unverfälscht u. a. sagte: „Die Behauptung, ich sei ein Problemvermeidungs-Choreograf gewesen, lehne ich entschieden ab. Ich habe es sogar als eine der unangenehmen Aufgaben wahrgenommen, Probleme als einer von wenigen offen anzusprechen."

Vielleicht gab es auch das Motto: Klasnic muss nicht alles erfahren, weil es politisch gefährlich sein kann, manche Dinge zu wissen.

„Nicht gefährlich. Aber wenn man an der Spitze steht und ein Ziel verfolgt, dann kann man nicht alle Widerstände selbst bearbeiten. Da wird man ja irre. Gleichzeitig wusste ich in vielen Fällen, es muss ein Weg gefunden werden, um dies oder das durchzusetzen. Ein legaler Weg wohlgemerkt."

Muss man da oft über seinen Schatten springen?
„Es war nicht immer so, dass ich mich ganz gut gefühlt habe. Ich habe immer auch darüber nachgedacht, was gegen eine Sache spricht. Da wird man auch skrupulös. Aber dann muss man halt abwägen und zu einer Entscheidung kommen."

Trotzdem waren Sie in der Partei nicht gerade beliebt.
„Ich kann damit umgehen, dass das Bild von mir nie besonders positiv sein konnte. Ich habe mich nie herzig gemacht. Andere Menschen sind lieb und freundlich. Ich bin möglicherweise vom Temperament her etwas unglücklich ausgestattet, wenn es um die Mitteilungen von Überlegungen geht. Das Problem ist nur, dass man aus seiner Haut nicht herauskommt. Ich war dankbar für Kritik, aber sehr oft hat ja die direkte Kritik gefehlt."

Man hat Sie für arrogant gehalten.
„Viele Leute haben gesagt, das ist ein arroganter Mensch, der kann nicht grüßen. Ich fürchte, das hängt mit meiner Hektik und meiner Körpergröße zusammen. Wenn man auf der Straße in Gedanken versunken geht, kann das passieren ... und ich bin auch ein sehr verschlossener Mensch. Alles, was sechs Ohren gehört haben, hat bald überall die Runde gemacht. Es tut mir jedenfalls aufrichtig leid, wenn ich jemandem das Gefühl vermittelt habe, tatsächlich arrogant zu sein."

Hat der Frau Landeshauptmann irgendjemand gesagt, dass sie massiv Gefahr läuft, die Wahl zu verlieren?
„Der 2. Oktober war ein Sonderfall, ausgelöst durch eine Tragödie. Normalerweise hätten wir ein bissl was verloren, hätten vielleicht 42 Prozent bekommen. Bis zum Sommer 2003 mussten wir sogar verbergen, dass wir an der 50-Prozent-Marke kratzen. Doch 2005 wussten wir: Die einzige Gefahr für die ÖVP besteht darin, dass Gerhard Hirschmann mit einer eigenen Liste kandidiert. Deshalb war auch jedes Bemühen gerechtfertigt, Unheil von uns und von ihm abzuwenden."

Warum sind diese Bemühungen gescheitert?
„Die Sache mit Hirschmann ist die größte Tragödie meines bisherigen Lebens. Aber das war unsteuerbar. In der Geschichte ist es nur vergleichbar mit dem Fall Olah, der der SPÖ 1966 eine desaströse Wahlniederlage brachte. Ich gehe davon aus, dass die steirische ÖVP nach wie vor die stärkste substanzielle Kraft dieses Landes ist und sich erneuern wird. Hermann Schützenhöfer ist ein großartiges politisches Urtalent, ein Mann mit großer Besonnenheit, Konsequenz und Führungskraft."
Wie hat sich in den letzten 30 Jahren die Achse Politik-Medien verändert?
„Die Zeit ist ungeheuer schnelllebig und viel öffentlicher geworden. Der Anspruch an die Politik ist größer geworden, ihre reale Wirkungskraft kleiner. Durch die Vervielfachung der Informationskanäle ist eine starke Säkularisierung der Parteiapparate eingetreten. Du kannst denen nicht mehr sagen, etwas war super, wenn in den Medien schon am Vortag gestanden ist, das sei schlecht. Aber ich weine sicher nicht der guten alten Zeit nach. Man muss halt mit neuen Methoden kommen, das hält jung."
Man hat die Dinge nicht mehr so im Griff wie früher?
„Wir sind demokratischer geworden. Der Nachteil daran ist, dass man manche Ideen rasch kaputt machen kann. Die Frage lautet: Wie bringe ich Leadership einerseits und eine zunehmend kritische demokratische Öffentlichkeit andererseits zusammen? Das geht nur über glaubwürdige Personen."
So schließe ich mit einem großen Dank an alle, die mich zur Arbeit an diesem Buch ermutigt und mich unterstützt haben – insbesondere an Dr. Horst Pirker, Dr. Gerda Schaffelhofer, Dr. Johannes Sachslehner, Ernst Glitzner, Sabine Leitner, Mag. Isabella Poier, Johann Trummer, Mag. Christiane Kada, Mag. Erika Graf, Gudrun Ackerl, Edi Höller, Stefan Kroath, Dr. Kurt Fröhlich, Dr. Dieter Rupnik, Matthias Kahlbacher, Heike Kopp, Linde Jauk, Gertrude Gorfer, Elisabeth Altrichter, Sylvia Fritz, Barbara Writzl, Rüdeger Frizberg, Elena Schmidl, den „Verein zur Förderung von Medien und Kommunikation in der Steiermark" und vor allem an meine Frau Elfriede und unsere drei gemeinsamen Kinder Marianne, Antonia und Victoria.

Lebenslauf Josef Krainer

1930	am 26.8. Graz in geboren
1949	Reifeprüfung am Oeverseegymnasium in Graz
1949-1954	Studium der Rechtswissenschaften an der Karl-Franzens-Universität in Graz. Gründungsmitglied der akademischen Vereinigung für Außenpolitik
1951/52	Studium der Politischen Wissenschaften als Fulbright-Stipendiat an der University of Georgia in den USA. Präsident des dortigen „Cosmopolitan Clubs"
1954	Promotion zum Dr. jur. und Gerichtsjahr
1954/55	Studienjahr am Bologna Center der Johns Hopkins University, mit Auszeichnung absolviert. Einmonatiger Studienaufenthalt am Instituto Pro Civitate Christiana in Assisi
1956-1962	Generalsekretär der Katholischen Aktion in der Steiermark. Beteiligt am Aufbau der Afro-Asiatischen Institute in Wien und Graz
1962-1966	Wissenschaftlicher Assistent bei Univ.-Prof. DDr. Anton Tautscher am Institut für Volkswirtschaftslehre und Finanzwissenschaft der Universität Graz
1966	Direktor-Stellvertreter des Steirischen Bauernbundes
1969-1972	Direktor des Steirischen Bauernbundes
1970/71	Abgeordneter zum Nationalrat und Obmann des Steirerklubs der steirischen VP-Abgeordneten
1971-1980	Landesrat für Bauten und Agrarfragen
1972-1980	Geschäftsführender Landesparteiobmann der Steirischen Volkspartei
1980-1996	Landeshauptmann von Steiermark
1980-1996	Landesparteiobmann der Steirischen Volkspartei
seit 1996	Ehrenobmann der Steirischen Volkspartei

Josef Krainer hatte und hat zahlreiche ehrenamtliche Funktionen und Mitgliedschaften in gemeinnützigen Vereinigungen inne.

Josef Krainer ist verwitwet. Er war von 1957-2001 verheiratet mit Frau Rosemarie, geb. Dusek. Der glücklichen Ehe entstammen 5 Kinder.

Lebenslauf Waltraud Klasnic

1945	am 27.10. in Graz geboren
1951-1959	Schulbesuch in Graz
1959-1963	Tätigkeit im Fachhandel in Graz
ab 1966	Aufbau eines Transportunternehmens mit dem Gatten
1970	Gründung der Ortsgruppe Weinitzen der Österreichischen Frauenbewegung (ÖFB)
1970-1985	Gemeinderätin in Weinitzen
1972-1977	ÖFB-Hauptbezirksleiterin Graz-Umgebung
1974-1993	Landesleiterin der Katastrophenhilfe Öst. Frauen
1975-1977	ÖFB-Landesleiterin-Stellvertreterin
1975-1996	Kammerrat der Wirtschaftskammer Steiermark (Sektion Verkehr)
1977-1981	Mitglied des Bundesrates
1977-1990	ÖFB-Landesleiterin
1981-1988	Abgeordnete zum Steiermärkischen Landtag
1983-1988	Dritte Landtagspräsidentin
1988-1993	Landesrätin für Wirtschaft, Tourismus und Verkehr
1990-1997	Landesgruppenobfrau des Österreichischen Wirtschaftsbundes
1993-1996	Landeshauptmann-Stellvertreterin
1993-2006	Bundesleiterin in der Katastrophenhilfe Österreichischer Frauen, seither stellvertretende Bundesleiterin
1995-1999	Stellvertreterin des Bundesparteiobmannes der Österreichischen Volkspartei
1996-2006	Landespartei-Obfrau der Steirischen Volkspartei
1996-2005	Landeshauptmann der Steiermark
seit 2006	Vorsitzende des Kuratoriums des Zukunftsfonds der Republik Österreichs, Vorstandsvorsitzende des Hilfswerk Austria, Mitglied des Europäischen Wirtschafts- und Sozialausschusses, Vorsitzende des Vereins Freunde des Priesterseminars Graz

Zahlreiche langjährige Mitgliedschaften und ehrenamtliche Vorstandsfunktionen, so auch beim SOS-Kinderdorf Graz-Stübing und in der Hospizbewegung.
Waltraud Klasnic ist seit 1963 verheiratet mit Simon Klasnic, der glücklichen Ehe entstammen 3 Kinder.

Ausgewählte Kurzbiographien

**im Buch genannter Personen
(mit Nennung der im Zusammenhang mit dem Thema
wesentlichen Funktionen)**

Bacher, Gerd: geb. 1925, ORF-Generalintendant 1967–1974,
1978–1986, 1990–1994.

Bartenstein, Martin Dr.: geb. 1953, VP-Landesparteiobmann-Stellvertreter seit 1992, Mitglied der Bundesregierung seit 1994
(VP-Steiermark).

Buchmann, Christian Dr.: geb. 1962, Landesrat seit 2005 (VP-Steiermark).

Burgstaller, Paul: geb. 1945, Nationalratsabgeordneter 1982–1994,
Landesparteiobmann-Stellvertreter 1980–1992 (VP-Steiermark).

Busek, Erhard Dr.: geb. 1941, VP-Bundesparteiobmann und Vizekanzler 1991–1995.

Csoklich, Fritz Dr.: geb. 1929, Chefredakteur der „Kleinen Zeitung"
1959–1994.

Dörflinger, Günter: geb. 1957, Landesrat 1996–2003 (SP-Steiermark).

Drexler, Christopher Mag.: geb. 1971, Landtagsklubobmann seit 2003
(VP-Steiermark).

Durnwalder, Luis Dr.: geb. 1941, Landeshauptmann von Südtirol seit
1989.

Edlinger-Ploder, Kristina Mag.: geb. 1971, Landesrätin seit 2003
(VP-Steiermark).

Feldgrill, Franz: 1917–2007, Dritter Landtagspräsident 1970–1983,
Landtagspräsident 1983–1985 (VP-Steiermark).

Feldgrill-Zankel, Ruth, Dkfm.: geb. 1942, Bundesministerin 1991–1992,
Grazer Bürgermeister-Stellvertreterin 1992–1998, Grazer
VP Stadtparteiobfrau 1992–1997.

Ferrero-Waldner, Benita Dr.: geb. 1948, 1995–2004 Mitglied der Bundesregierung, EU-Kommissarin seit 2004.

Fischer, Heinz, Dr.: geb. 1938, Nationalratspräsident (SP) 1990–2002, Zweiter Nationalratspräsident 2002–2004, seit 2004 Bundespräsident.

Flecker, Kurt, Dr.: geb. 1947, Landesrat 2000–2005, Zweiter Landeshauptmannstellvertreter seit 2005 (SP-Steiermark).

Frieser, Cordula, Mag.: geb. 1950, Nationalratsabgeordnete 1986–2004 (VP-Steiermark)

Fuchs, Hans Georg, Dipl.-Ing.: geb. 1932, Landesrat 1980–1983 (VP-Steiermark).

Gorbach, Alfons, Dr.: 1898–1972, Bundeskanzler 1961–1964, VP-Bundesparteiobmann 1960–1963, VP-Landesparteiobmann 1946–1965 (Steiermark).

Götz, Alexander, DDr.: geb. 1928, Grazer Bürgermeister 1973–1983, FP-Landesparteiobmann 1964–1983 (Steiermark), FP-Bundesparteiobmann 1978/79.

Grillitsch, Fritz: geb. 1959, Landesparteiobmann-Stellvertreter seit 2000, österreichischer Bauernbund-Präsident seit 2001 (VP-Steiermark).

Gross, Hans: 1930-1992, Landeshauptmann-Stellvertreter 1980–1990, Landesparteivorsitzender 1980–1989 (SP-Steiermark).

Gruber, Karl Dr.: 1909–1995, Außenminister 1945–1953 (VP).

Haider, Jörg, Dr.: geb. 1950, FP-Bundesparteiobmann 1986–2000, Landeshauptmann von Kärnten 1989–1991 und seit 1999.

Hasiba, Franz, Dipl.-Ing.: geb. 1932, Grazer Bürgermeister 1983–1985, Landesrat 1985–1991, Zweiter Landeshauptmann-Stellvertreter 1991–1993, Landtagspräsident 1993–2000 (VP-Steiermark).

Heidinger, Helmut, Dr.: 1922–2004, Landesrat 1983–1988 (VP-Steiermark).

Hirschmann, Gerhard, Dr.: geb. 1951, geschäftsführender Landesparteiobmann 1989–1996, Landesrat 1993–2003, ESTAG-Vorstand 2003/2004 (VP-Steiermark).

Hoess Friedrich, Dr.: 1932–2007, Leiter der steirischen Delegation in Wien 1981–1987, österreichischer Spitzendiplomat.

Jungwirth, Kurt, Prof.: geb. 1929, Landesrat 1970–1985, Zweiter Landeshauptmann-Stellvertreter 1985–1991 (VP-Steiermark).

Kálnoky, Lindi, Dr.: geb. 1935, Dritte Landtagspräsidentin 1988–1991, Landesparteiobmann-Stellvertreterin 1980–1989 (VP-Steiermark).

Kapellari, Egon, Dr.: geb. 1936, Diözesanbischof Klagenfurt-Gurk 1982–2001, seit 2001 Graz-Seckau.

Kirchschläger, Rudolf, Dr.: 1915–2000, Bundespräsident 1974–1986.

Klaus, Josef, Dr.: 1910–2001,VP-Bundesparteiobmann 1963–1970, Bundeskanzler 1964–1970.

Klestil, Thomas, Dr.: 1932–2004, Bundespräsident 1992–2004.

Koiner, Simon: 1921–1994, Landesrat 1980–1983 (VP-Steiermark).

Koren, Hanns, Univ.-Prof. Dr.: 1906–1985, Landesrat 1957–1963, Zweiter Landeshauptmann-Stellvertreter 1963–1970, Landtagspräsident 1970–1983 (VP-Steiermark).

Krainer, Josef: 1903–1971, Landeshauptmann 1948–1971, Landesparteiobmann 1965–1971 (VP-Steiermark).

Kreisky, Bruno, Dr.: 1911–1990, SP-Bundesparteivorsitzender 1967–1983, Bundeskanzler 1970–1983.

Lichal, Robert, Dr.: geb. 1932, Verteidigungsminister 1987–1990, Zweiter Nationalratspräsident 1990–1994 (VP).

Lopatka, Reinhold, Dr.: geb. 1960, Landesgeschäftsführer 1993–2001, Landtagsklubobmann 2000–2003, VP-Generalsekretär 2003–2007, seit 2007 Staatssekretär (VP Steiermark).

Ludwig, Siegfried, Mag.: geb. 1926, Landeshauptmann von Niederösterreich 1981–1992 (VP).

Magnago, Silvius, Dr.: geb. 1914, Landeshauptmann von Südtirol 1960–1989.

Maitz, Karl, Dr.: geb. 1939, Landesparteisekretär 1973–1981, Landtagsklubobmann 1993/94 (VP-Steiermark).

Mantl, Wolfgang, Univ.-Prof., Dr.Dr.h.c.: geb. 1939, stellvertretender Vorsitzender des österreichischen Universitätskuratoriums

1994–2000, Vorsitzender des Österreichischen Wissenschaftsrates 2003–2005.

Missethon, Hannes, Dipl.-Ing.: geb. 1959, Landesgeschäftsführer 2006–2007 (VP-Steiermark), VP-Generalsekretär seit 2007.

Mock, Alois, Dr.: geb. 1934, VP-Bundesparteiobmann 1979–1989, Vizekanzler 1987–1989, Außenminister 1987–1995.

Nagl, Siegfried, Mag.: geb. 1963, seit 2000 Grazer VP-Stadtparteiobmann, seit 2003 Grazer Bürgermeister.

Niederl, Friedrich, Dr.: geb. 1920, Landeshauptmann 1971–1980, Landesparteiobmann 1971–1980 (VP-Steiermark).

Paierl, Herbert Dipl.-Ing.: geb. 1952, Landesrat 1996–2004 (VP-Steiermark).

Peltzmann, Anton: 1920-2000, Landesrat 1963–1980 (VP-Steiermark).

Pirker, Horst, Dr.. geb. 1959, Vorstands-Vorsitzender der Styria Medien AG seit 1999.

Pöltl, Erich: geb. 1942, Landesrat 1991–2003 (VP-Steiermark).

Pröll, Erwin, Dr.: geb. 1946, Landeshauptmann von Niederösterreich seit 1992 (VP).

Purr, Reinhold: geb. 1937, Landtagspräsident 2000–2005 (VP-Steiermark).

Purtscher, Martin Dr.: geb. 1928, Landeshauptmann von Vorarlberg 1987–1997 (VP).

Raab, Julius, Ing. DDDr.hc: 1891–1964, VP-Bundesparteiobmann 1952–1960, Bundeskanzler 1953–1961.

Ratzenböck, Josef, Dr.: geb. 1929, Landeshauptmann von Oberösterreich 1977–1995 (VP).

Ressel, Hans Joachim, Ing.: geb. 1943, Landesrat 1991–2000 (SP-Steiermark).

Riegler, Josef, Dipl.-Ing.: geb. 1938, Landesrat 1983–1987, Landwirtschaftsminister 1987–1989, Vizekanzler und VP-Bundesparteiobmann 1989–1991.

Rinner, Bernhard, Mag.: geb. 1970, Landesgeschäftsführer seit 2007 (VP-Steiermark).

Schachner-Blazizek, Alfred, DDr.: 1912–1970, Erster Landeshauptmann-Stellvertreter 1964–1970, Landesparteivorsitzender 1960–1970 SP-Landesparteivorsitzender (SP-Steiermark).

Schachner-Blazizek, Peter, Univ.-Prof. Dr.: geb. 1942, Landeshauptmann-Stellvertreter und Landesparteivorsitzender 1990–2002 (SP-Steiermark).

Schaller, Hermann, Dipl.-Ing.: geb. 1932, Landesrat 1987–1991 (VP-Steiermark).

Schaumayer, Maria, Dr.: geb. 1931, Präsidentin der Österreichischen Nationalbank 1990–1995.

Schilcher, Bernd, Univ.-Prof. Dr.: geb. 1940, Landtagsklubobmann 1983–1989, Landesschulratspräsident 1989–1996 (VP-Steiermark).

Schleinzer, Karl, Dr.: 1924–1975, VP-Bundesparteiobmann 1971–1975.

Schmid, Michael, Dipl.-Ing.: geb. 1945, Landesparteiobmann 1989–2000, Landesrat 1991–2000 (FP-Steiermark), 2000 Bundesminister.

Schnider, Andreas, Dr.: geb. 1959, Landesgeschäftsführer 2001–2005, Bundesrat seit 2002 (VP-Steiermark).

Schöggl, Leopold, Dipl.-Ing.: geb. 1951, Zweiter Landeshauptmann-Stellvertreter 2000–2005, Landesparteiobmann 2000–2006 (FP-Steiermark)

Schöpfer, Gerald, Univ.-Prof. Dr.: geb. 1944, Landesrat 2004/05, Landtagsabgeordneter seit 2005 (VP-Steiermark).

Schüssel, Wolfgang, Dr.: geb. 1945, Bundeskanzler 2000–2007, Bundesparteiobmann 1995–2007 (VP).

Schützenhöfer, Hermann: geb. 1952, Landtagsklubobmann 1994–2000, Landesrat 2000–2005, Erster Landeshauptmann-Stellvertreter seit 2005, Landesparteiobmann seit 2006 (VP-Steiermark).

Schwarzenberg, Karl: geb. 1937, Präsident des Kuratoriums des Landesmuseums Joanneum von 1988–1992, seit 2007 Außenminister der Tschechischen Republik.

Sebastian, Adalbert: 1919–2004, Erster Landeshauptmann-Stellvertreter 1970–1980, Landesparteivorsitzender 1970–1981 (SP-Steiermark).

Seitinger, Johann: geb. 1961, Landesrat seit 2003 (VP-Steiermark).

Sinowatz, Fred, Dr.: geb. 1929, Bundeskanzler 1983–1986, SP-Bundesparteivorsitzender 1983–1988.

Steger, Norbert, Dr.: geb. 1944, Vizekanzler 1983–1987, FP-Bundesparteiobmann 1980–1986.

Stingl, Alfred: geb. 1939, Grazer Bürgermeister 1985–2003 (SP).

Strobl, Helmut Dipl.-Ing.: geb. 1943, Grazer Stadtrat 1985–2001, Grazer VP-Stadtparteiobmann 1997–2000.

Taus, Josef, Dr.: geb. 1933, VP-Bundesparteiobmann 1975–1979.

Trost, Ernst: geb. 1933, Autor und Publizist seit Gründung der „Krone".

Voves, Franz, Mag.: geb. 1953, Erster Landeshauptmann-Stellvertreter 2002–2005, Landeshauptmann seit 2005, Landesparteivorsitzender seit 2002 (SP-Steiermark).

Waldheim, Kurt, Dr.: 1918–2007, Bundespräsident 1986–1992, UNO-Generalsekretär 1972–1981.

Wallner, Josef: 1902–1974, Präsident des Österreichischen Bauernbundes 1960–1970, Dritter Nationalratspräsident 1962–1970 (VP-Steiermark).

Wegart, Franz: geb. 1918, Landesrat 1961–1970, Zweiter Landeshauptmann-Stellvertreter 1970-1985, Landtagspräsident 1985–1993 (VP-Steiermark).

Wimmer, Kurt, Dr.: geb. 1932, Chefredakteur der „Kleinen Zeitung" 1994–1998.

Zankel, Erwin, Dr.: geb. 1941, Chefredakteur der „Kleinen Zeitung" 1998–2006.

Zernatto, Christof: geb. 1949, Landeshauptmann von Kärnten 1991–1999.

Wahlergebnisse seit 1945

(zusammengestellt bzw. überarbeitet von Isabella Poier)

Steiermärkischer Landtag

Wahlergebnisse seit 1945

Jahr	Wahlber.	abgegeben	Stimmen WB %	ungültig	gültig	ÖVP abs.	%	SPÖ abs.	%	FPÖ abs.	%	Grüne abs.	%	KPÖ abs.	%	LIF abs.	%	Sonstige abs.	%
1945	531.256	498.441	93,82	6.060	492.381	261.065	53,02	204.774	41,59	–	–	–	–	26.542	5,39	–	–	–	–
1949	678.267	661.986	97,60	10.521	651.465	279.453	42,90	243.861	37,43	94.698	14,54	–	–	29.528	4,53	–	–	3.925	0,60
1953	708.320	680.151	96,02	20.232	659.919	268.546	40,69	271.162	41,09	89.837	13,61	–	–	29.039	4,40	–	–	1.335	0,20
1957	718.898	696.903	96,94	17.558	679.345	315.197	46,40	296.383	43,63	46.103	6,79	–	–	17.590	2,59	–	–	4.072	0,60
1961	733.380	713.741	97,06	13.036	700.705	330.164	47,12	292.068	41,68	50.726	7,24	–	–	26.880	3,84	–	–	867	0,12
1965	747.334	716.986	95,94	12.016	704.970	341.308	48,41	297.166	42,15	41.165	5,84	–	–	22.535	3,20	–	–	2.796	0,40
1970	782.674	740.454	94,61	7.110	733.344	356.325	48,59	327.906	44,71	38.641	5,27	–	–	9.904	1,35	–	–	568	0,08
1974	777.490	739.149	95,07	10.265	728.884	388.283	53,27	300.189	41,18	30.608	4,20	–	–	9.804	1,35	–	–	–	–
1978	796.273	754.136	94,71	13.233	740.903	384.905	51,95	298.560	40,30	47.562	6,42	–	–	9.876	1,33	–	–	–	–
1981	826.598	775.006	93,76	20.325	754.681	384.048	50,89	322.416	42,72	38.135	5,05	–	–	10.082	1,34	–	–	–	–
1986	858.603	788.413	91,83	27.685	760.728	393.650	51,75	286.327	37,64	34.884	4,59	28.366	3,73	8.945	1,18	–	–	8.556	1,13
1991	903.486	809.502	89,60	33.037	776.465	343.447	44,23	271.232	34,93	119.462	15,39	22.372	2,88	4.627	0,60	–	–	15.345	1,98
1995	894.456	777.467	86,92	16.544	760.923	275.817	36,25	273.403	35,93	130.492	17,15	32.831	4,31	4.360	0,57	29.238	3,84	14.782	1,95
2000	903.852	674.658	74,64	7.599	667.059	315.474	47,29	215.619	32,32	82.767	12,41	37.399	5,61	6.872	1,03	7.373	1,11	1.555	0,23
2005	929.795	708.311	76,18	10.232	698.079	269.905	38,66	290.859	41,67	31.807	4,56	33.013	4,73	44.247	6,34	–	–	28.263*	4,05

Wahlber. = Wahlberechtigte; WB % = Wahlbeteiligung in %
* Zusammensetzung: Liste Hirschmann (14.309; 2,05 %), BZÖ (11.977; 1,72 %) und Parteifrei (1.962; 0,28 %)

Stmk. Landtag – Mandatsverteilung

Stmk. Landesregierung – Regierungssitze
seit 1945

Jahr	ÖVP	SPÖ	FPÖ*	Grüne	KPÖ**	LIF
1945	26 (5)	20 (4)	–	–	2	–
1949	22 (4)	18 (4)	7 (1)	–	1	–
1953	21 (4)	20 (4)	6 (1)	–	1	–
1957	24 (5)	21 (4)	3	–	–	–
1961	24 (5)	20 (4)	3	–	1	–
1965	29 (5)	24 (4)	2	–	1	–
1970	28 (5)	26 (4)	2	–	–	–
1974	31 (5)	23 (4)	2	–	–	–
1978	30 (5)	23 (4)	3	–	–	–
1981	30 (5)	24 (4)	2	–	–	–
1986	30 (5)	22 (4)	2	2	–	–
1991	26 (4)	21 (4)	9 (1)	–	–	–
1995	21 (4)	21 (4)	10 (1)	2	–	2
2000	27 (5)	19 (3)	7 (1)	3	–	–
2005	24 (4)	25 (5)	–	3	4	–

* LTW 1949 und 1953: WdU
** LTW 1949: KPÖ und Linkssozialisten; LTW 1953: Volksopposition
LTW 1961: KPÖ und Linkssozialisten
In Klammern ( ) die Verteilung der Regierungssitze

Nationalrat – Mandatsverteilung

seit 1945

Jahr	ÖVP	SPÖ	FPÖ	Grüne	KPÖ	LIF/BZÖ*
1945	85	76	–	–	4	–
1949	77	67	16	–	5	–
1953	74	73	14	–	4	–
1956	82	74	6	–	3	–
1959	79	78	8	–	–	–
1962	81	76	8	–	–	–
1966	85	74	6	–	–	–
1970	78	81	6	–	–	–
1971	80	93	10	–	–	–
1975	80	93	10	–	–	–
1979	77	95	11	–	–	–
1983	81	90	12	–	–	–
1986	77	80	18	8	–	–
1990	60	80	33	10	–	–
1994	52	65	42	13	–	11
1995	52	71	41	9	–	10
1999	52	65	52	14	–	–
2002	79	69	18	17	–	–
2006	66	68	21	21	–	7

* Bündnis Zukunft Österreich / BZÖ seit 2006.

Nationalrat – Österreich
Wahlergebnisse seit 1945

Jahr	Wahlber.	Stimmen abgegeben	WB %	ungültig	gültig	ÖVP abs.	%	SPÖ abs.	%	FPÖ[1] abs.	%	Grüne[2] abs.	%	KPÖ[3] abs.	%	LIF/BZÖ[4] abs.	%	Sonstige abs.	%
1945	3.449.605	3.253.329	94,31	35.975	3.217.354	1.602.227	49,80	1.434.898	44,60	–	–	–	–	174.257	5,42	–	–	5.972	0,19
1949	4.391.815	4.250.616	96,78	56.883	4.193.733	1.846.581	44,03	1.623.524	38,71	489.273	11,67	–	–	213.066	5,08	–	–	21.289	0,51
1953	4.586.870	4.395.519	95,83	76.831	4.318.688	1.781.777	41,26	1.818.517	42,11	472.866	10,95	–	–	228.159	5,28	–	–	17.369	0,39
1956	4.614.464	4.427.711	95,95	75.803	4.351.908	1.999.986	45,96	1.873.295	43,05	283.749	6,52	–	–	192.438	4,42	–	–	2.440	0,06
1959	4.696.603	4.424.658	94,21	61.802	4.362.856	1.928.043	44,19	1.953.935	44,79	336.110	7,70	–	–	142.578	3,27	–	–	2.190	0,05
1962	4.805.351	4.506.007	93,77	49.876	4.456.131	2.024.501	45,43	1.960.685	44,00	313.895	7,04	–	–	135.520	3,04	–	–	21.530	0,48
1966	4.886.818	4.583.970	93,80	52.085	4.531.885	2.191.109	48,35	1.928.985	42,56	242.570	5,35	–	–	18.636	0,41	–	–	150.585[6]	3,32
1970	5.045.841	4.630.851	91,78	41.890	4.588.961	2.051.012	44,69	2.221.981	48,42	253.425	5,52	–	–	44.750	0,98	–	–	17.793	0,40
1971	4.984.448	4.607.616	92,44	50.626	4.556.990	1.964.713	43,11	2.280.168	50,04	248.473	5,45	–	–	61.762	1,36	–	–	1.874	0,04
1975	5.019.227	4.662.684	92,90	49.252	4.613.432	1.981.291	42,95	2.326.201	50,42	249.444	5,41	–	–	55.032	1,19	–	–	1.464	0,03
1979	5.186.735	4.784.173	92,24	54.922	4.729.251	1.981.739	41,90	2.413.226	51,03	286.743	6,06	–	–	45.280	0,96	–	–	2.263	0,05
1983	5.316.436	4.922.454	92,59	69.037	4.853.417	2.097.808	43,22	2.312.529	47,65	241.789	4,98	65.816	1,36	31.912	0,66	–	–	103.563[7]	2,13
1986	5.461.414	4.940.298	90,46	88.110	4.852.188	2.003.663	41,29	2.092.024	43,12	472.205	9,73	234.028	4,82	35.104	0,72	–	–	15.164	0,31
1990	5.628.912	4.848.741	86,14	143.847	4.704.894	1.508.600	32,06	2.012.787	42,78	782.648	16,63	225.081	4,78	25.685	0,55	–	–	150.093	3,19
1994	5.774.000	4.730.987	81,94	97.873	4.633.114	1.281.846	27,67	1.617.804	34,92	1.042.332	22,50	338.538	7,31	11.919	0,26	276.580	5,97	64.095	1,38
1995[5]	5.768.099	4.959.455	85,98	115.282	4.844.173	1.370.510	28,29	1.843.474	38,06	1.060.377	21,89	233.208	4,81	13.938	0,29	267.026	5,51	55.640	1,15
1999	5.838.373	4.695.225	80,42	72.871	4.622.354	1.243.672	26,91	1.532.448	33,15	1.244.087	26,91	342.260	7,40	22.016	0,48	168.612	3,65	69.259	1,50
2002	5.912.592	4.982.261	84,27	72.616	4.909.645	2.076.833	42,30	1.792.499	36,51	491.328	10,01	464.980	9,47	27.568	0,56	48.083	0,98	8.354	0,17
2006	6.107.892	4.793.780	78,49	85.499	4.708.281	1.616.493	34,33	1.663.986	35,34	519.598	11,04	520.130	11,05	47.578	1,01	193.539	4,11	146.957[8]	3,12

Wahlber. = Wahlberechtigte; WB % = Wahlbeteiligung in %
1 1949 und 1953: WdU
2 1983: VGÖ-Stimmen (93.798 / 1,93 %) bei „Sonstige" enthalten
  1986: GAL-Stimmen (6.005 / 0,12 %) bei „Sonstige" enthalten
  1990: VGÖ-Stimmen (92.277 / 1,96 %) bei „Sonstige" enthalten
3 1953: Wahlgemeinschaft Österreichische Volksopposition 1956, 1959, 1962, 1966: Kommunisten und Linkssozialisten
4 Bündnis Zukunft Österreich / BZÖ seit 2006
5 Stimmenergebnis unter Berücksichtigung der Wiederholungswahl vom 13.10.1996
6 Demokratische Fortschrittliche Partei (DFB), Liste Franz Olah: 148.528 (3,28 %)
7 Vereinte Grüne Österreichs: 93.798 (2 %)
8 Liste Dr. Martin: 131.688 (2,80 %)

Nationalrat – Steiermark
Wahlergebnisse seit 1945

Jahr	Wahlber.	Stimmen abgegeben	WB %	ungültig	gültig	ÖVP abs.	%	SPÖ abs.	%	FPÖ[1] abs.	%	Grüne[2] abs.	%	KPÖ[3] abs.	%	LIF / BZÖ[4] abs.	%	Sonstige abs.	%
1945	531.238	499.310	93,99	5.449	493.861	261.358	52,92	205.779	41,67	–	–	–	–	26.724	5,41	–	–	–	–
1949	678.328	664.301	97,93	10.546	653.755	280.719	42,94	244.482	37,40	94.991	14,53	–	–	29.617	4,53	–	–	3.946	0,60
1953	708.311	682.335	96,33	19.817	662.518	269.662	40,70	272.360	41,11	89.895	13,57	–	–	29.177	4,40	–	–	1.424	0,22
1956	716.017	698.769	97,59	11.659	687.110	313.510	45,63	302.325	44,00	47.513	6,91	–	–	23.762	3,46	–	–	–	–
1959	726.066	701.489	96,62	11.103	690.381	308.835	44,73	312.776	45,30	47.116	6,82	–	–	21.654	3,14	–	–	–	–
1962	739.653	714.987	96,67	10.088	704.899	327.853	46,51	304.810	43,24	48.034	6,81	–	–	24.202	3,43	–	–	–	–
1966	752.162	727.606	96,74	10.550	717.056	356.703	49,75	313.763	43,76	34.976	4,88	–	–	11.331	1,58	–	–	283	0,04
1970	782.640	749.353	95,75	9.807	739.546	337.463	45,63	354.023	47,87	36.877	4,99	–	–	8.988	1,22	–	–	2.195	0,29
1971	772.901	740.471	95,80	10.822	729.649	324.894	44,53	357.198	48,95	35.594	4,88	–	–	11.963	1,64	–	–	–	–
1975	779.866	750.536	96,24	10.033	740.503	325.372	43,94	372.219	50,27	33.936	4,58	–	–	8.976	1,21	–	–	–	–
1979	811.261	779.044	96,03	11.259	767.775	317.651	41,37	394.397	51,37	47.184	6,15	–	–	8.543	1,11	–	–	–	–
1983	836.331	801.368	95,82	14.301	787.067	332.668	42,27	389.179	49,45	31.265	3,97	14.361	1,82	5.991	0,76	–	–	13.603	1,73
1986	859.323	820.081	95,43	21.189	798.892	327.557	41,00	352.219	44,09	79.364	9,93	32.592	4,08	7.160	0,90	–	–	–	–
1990	883.795	823.232	93,15	28.137	795.095	263.800	33,18	344.525	43,33	133.797	16,83	31.334	3,94	5.711	0,72	–	–	15.928	2,00
1994	905.719	793.151	87,57	20.457	772.694	212.122	27,45	282.781	36,60	181.051	23,43	47.683	6,17	2.960	0,38	38.057	4,93	8.040	1,04
1995	904.431	791.823	87,55	27.292	764.531	225.620	29,51	303.089	39,64	162.195	21,21	30.830	4,03	3.121	0,41	32.177	4,21	7.499	0,98
1999	912.056	731.249	80,18	9.704	721.545	193.381	26,80	243.917	33,80	210.672	29,20	41.960	5,82	4.686	0,65	18.993	2,63	7.936	1,10
2002	920.100	771.855	83,89	9.257	762.598	340.185	44,61	281.965	36,97	73.540	9,64	53.011	6,95	7.269	0,95	6.628	0,87	–	–
2006	940.100	738.790	78,59	10.961	727.829	272.767	37,48	270.596	37,18	75.988	10,44	57.641	7,92	13.744	1,89	23.216	3,19	13.877[5]	1,91

Wahlber. = Wahlberechtigte; WB % = Wahlbeteiligung in %
1 1949 und 1953: WdU
2 1983: VGÖ-Stimmen (12.195 / 1,55 %) bei „Sonstige" enthalten
  1990: VGÖ-Stimmen (8.818 / 1,11 %) bei „Sonstige" enthalten
3 1953: Wahlgemeinschaft Österreichische Volksopposition
4 Bündnis Zukunft Österreich / BZÖ seit 2006
5 Liste Dr. Martin

Ausgewählte Literatur

Alfred Ableitinger/Herwig Hösele/Wolfgang Mantl: Die Landeshauptleute der Steiermark. Verlag Styria. Graz-Wien-Köln 2000.

Alfred Ableitinger/Dieter A. Binder (Hg.): Steiermark. Die Überwindung der Peripherie. Böhlau Verlag. Wien-Köln-Weimar 2002.

Gerd Bacher/Karl Schwarzenberg/Josef Taus (Hg.): Standort Österreich. Über Kultur, Wirtschaft und Politik im Wandel. Verlag Styria. Graz-Wien-Köln 1990.

Herbert Dachs/Peter Gerlich/Wolfgang C. Müller (Hg.): Die Politiker. Karrieren und Wirken bedeutender Repräsentanten der Zweiten Republik. Manz. Wien 1995.

Josef F. Desput (Hg.): Geschichte der Steiermark. Vom Bundesland zur europäischen Region. Die Steiermark von 1945 bis heute. Selbstverlag der historischen Landeskommission. Graz 2004.

Stefan Karner: Die Steiermark im 20. Jahrhundert. Politik – Wirtschaft – Gesellschaft – Kultur. Verlag Styria. Graz-Wien-Köln 2000.

Josef Krainer/Wolfgang Mantl/Manfred Prisching/Michael Steiner (Hg.): Nachdenken über Politik. Jenseits des Alltags und diesseits der Utopie. Verlag Styria. Graz-Wien-Köln 1985.

Josef Krainer/Wolfgang Mantl (Hg.): Ortsbestimmung. Politik – Wirtschaft – Europa. Verlag Styria. Graz-Wien-Köln 1993.

Franz Kreuzer/Wolfgang Mantl/Maria Schaumayer (Hg.): Gigatrends. Erkundungen der Zukunft unserer Lebenswelt. Böhlau Verlag. Wien-Köln-Graz 2003.

Wolfgang Mantl (Hg.): Die neue Architektur Europas. Reflexionen in einer bedrohten Welt. Böhlau Verlag. Wien-Köln-Graz 1991.

Hannes P. Naschenweng: Die Landeshauptleute der Steiermark. 1236-2002. Styria Verlag. Graz 2002.

Othmar Pickl (Hg.): 800 Jahre Steiermark und Österreich 1192 – 1992. Der Beitrag der Steiermark zu Österreichs Größe. Selbstverlag der Historischen Landeskommission. Graz 1992.

Theodor Piffl-Perčevič: Zuspruch und Widerspruch. Styria Verlag. Graz 1977.

Hans Rauscher: Waltraud Klasnic. Eine Frau neuen Stils an der Spitze der Steiermark. Molden. Wien 2000.

Josef Riegler (Hg.): Die Neue Steiermark. Unser Weg 1945 – 2005. Graz 2005.

Hans Werner Scheidl: Die Monarchen der Zweiten Republik. Landeshauptleute im Porträt. Ueberreuter. Wien 2002.

Ernst Trost: Josef Krainer II. Der letzte Landesfürst. Ibera&Molden. Wien 1996.

Alexander Vodopivec: Der verspielte Ballhausplatz. Vom schwarzen zum roten Österreich. Molden. Wien 1970.

40 Jahre Steirische Volkspartei. politicum 23a. Graz 1985.

Standort Steiermark 1995. politicum Nr. 66. Graz 1995.

Steirische Portraits. politicum Nr. 83. Graz 1999.

60 Jahre Steirische Volkspartei. Eigenverlag. Graz 2006.

Hinweise

Rechtschreibung: Alle Originalzitate wurden in neue Rechtschreibung transponiert.

Der Autor bittet alle Formulierungen geschlechtergerecht zu lesen.

Namenregister

Abraham, Leopold 119
Ackerl, Gudrun 191
Aiginger, Karl 154
Albertani, Claus 150
Altrichter, Elisabeth 191
Amon, Werner 136
Andrieu, Hannes 112
Androsch, Hannes 32
Apfalter, Heribert 30

Bacher, Gerd 52, 73 f.
Bachler, Klaus 141
Bachmayer, Wolfgang 170
Barnier, Michel 157
Bartenstein, Martin 84 ff., 91 f., 114, 117, 153, 157, 168
Bartoszewski, Wladislaw 75
Bauer, Wolfgang 138
Baumgartner, Otto 181
Behr, Martin 110
Bernini, Carlo 75
Beutl, Burgi 153
Boeckl, Herbert 44
Böll, Heinrich 28
Brahms, Johannes 44
Brandauer, Klaus Maria 141
Brandt, Willy 67
Brauneder, Wilhelm 96
Breisach, Emil 141
Brünner, Christian 32, 99
Buchmann, Christian 136, 180
Burger, Hannes 27
Burgstaller, Gabi 165
Burgstaller, Paul 33, 60
Busek, Erhard 62 f., 68, 75, 79, 81, 86

Carnogursky, Jan 75
Carter, Jimmy 16
Chirac, Jacques 145
Chorherr, Thomas 93
Clinton, Hillary 171
Cortolezis, Candidus 64
Csoklich, Fritz 27

Dettling, Warnfried 122
Dichand, Hans 92
Ditz, Johannes 146, 148, 186
Doppelhofer, Georg 114, 168
Dörflinger, Günter 130 f., 145
Dreibholz, Wolfdieter 139
Drexler, Christopher 122, 136, 140, 153
Dukert, Joe 16
Durnwalder, Luis 68, 75
Dylan, Bob 44

Ecclestone, Bernie 162
Edegger, Erich 84
Edlinger, Klaus 92
Edlinger-Ploder, Kristina 137, 140, 153, 180
Eigen, Manfred 88
Einwallner, Thomas 153
Ertler, Norbert 143

Fasslabend, Werner 64
Felderer, Bernhard 155
Feldgrill, Franz 35, 70
Feldgrill-Zankel, Ruth 70, 84 f.
Ferrero-Waldner, Benita 142
Figl, Leopold 184
Filzmaier, Peter 169
Fischer, Heinz 141 f.
Fischer, Joschka 75
Fischler, Franz 64, 88, 159
Flecker, Kurt 149
Friedrich III. 49
Frieser, Cordula 35
Frischenschlager, Friedhelm 56
Frischmuth, Barbara 138
Fritz, Sylvia 191
Frizberg, Gilbert 153, 168
Frizberg, Rüdeger 191
Fröhlich, Kurt 191
Fuchs, Hans Georg 31, 35, 38 f., 47, 70, 165, 172
Funtan, Hartmut 181

Gartler, Leopold 168
Geißler, Heiner 122
Genscher, Hans Dietrich 81
Gerstl, Alfred 179
Ghega, Carl Ritter von 50
Gleißner, Heinrich 184
Gorbach, Alfons 51 f., 69
Gorbach, Hubert 167
Gorfer, Gertrude 191
Görg, Bernhard 79
Götz, Alexander 43, 72
Graf, Erika 191
Griess, Helmut 59
Grinschgl, Alfred 34, 136
Grasser, Karl Heinz 134 f., 141 f.
Grillitsch, Fritz 153, 180
Gross, Hans 39 f., 45, 57, 66
Grosser, Alfred 16
Gruber, Karl 51 f.
Gusenbauer, Alfred 142

Habsburg, Otto von 175
Haider, Jörg 10, 54, 57 f., 61, 66, 70 f., 83, 95, 123 ff., 134, 142, 145, 167, 172
Hainzl, Georg 119
Handke, Peter 24, 28, 44, 138
Harnoncourt, Nikolaus 73, 141
Hasiba, Franz 34, 72, 85, 91, 96, 130
Haslauer, Wilfried 61
Häupl, Michael 141, 184
Hausn, Pietro 25
Havel, Vaclav 74
Heidinger, Gerhard 40
Heidinger, Helmut 34, 47
Heinzinger, Walter 136
Herberstein, Andrea 160 f.
Hiesl, Franz 167

Hirschmann, Gerhard 10 f., 34, 64 f., 71, 84 f., 87 ff., 91, 93 f., 97, 112, 114, 130, 136 f., 140, 143–146, 148–153, 160–166, 169 f., 172, 174, 176 f., 190 f.
Hoess, Friedrich 80 f.
Hofer, Heinz 150
Hohlmaier, Monika 88
Hollegha, Wolfgang 63
Höller, Edi 191
Höller, Ernst 85
Hösele, Antonia 191
Hösele, Elfriede 191
Hösele, Herwig 180
Hösele, Marianne
Hösele, Victoria 191
Huber, Martin 167
Hundt, Dieter 163

Jantschner, Ulli 93 f.
Jauk, Linde 191
Jelinek, Elfriede 138, 178
Jochimsen, Reimut 16
Johann, Erzherzog 49 ff., 69, 72
Jungwirth, Kurt 35, 73, 83

Kada, Christiane 191
Kahlbacher, Matthias 191
Kálnoky, Lindi 33
Kaltenegger, Ernest 172 f., 175
Kapellari, Egon 63, 157, 159
Kapfer, Ludwig 85
Kartnig, Hannes 145
Katschthaler, Hans 184, 187
Kennedy, Edward 74
Kirchschläger, Rudolf 32, 142
Kissinger, Henry 54
Klasnic, Horst 108
Klasnic, Michaela 109
Klasnic, Simon sen. 108
Klasnic, Simon jun. 107 f.
Klaus, Josef 18, 20, 52, 81, 109, 182, 184
Klestil, Thomas 80, 84, 142
Klima, Viktor 118, 182, 184
Köberl, Günther 114, 153
Kohl, Helmut 53, 78–81, 109, 122
Koiner, Ingrid 112, 181

Koiner, Simon 26, 35, 40
Kolakowski, Leszek 54
Kolig, Anton 35
Kolig, Cornelius 35
Koller, Arnold 88
Kolleritsch, Alfred 28, 138, 140, 166
Kolleritsch, Otto 166
König, Franz 63
Konitzer, Hanni 16, 44
Kopp, Heike 191
Koren, Hanns 13 f., 35, 42, 45, 70, 76
Kotanko, Christoph 93
Krainer, Anna 15, 17
Krainer, Fritz 17
Krainer, Heinz 17
Krainer, Josef sen. 14, 17, 20 f., 42, 46, 51 f., 69 ff., 78, 87, 93, 109, 138, 184 f.
Krainer, Josefa 14, 17
Krainer, Rosemarie 16, 18, 23
Kreisky, Bruno 20, 22, 24, 32, 37–40, 46 ff., 72, 124, 182, 184
Kreuzer, Franz 88
Kroath, Stefan 191
Krockow, Christian Graf von 54
Krünes, Helmut 56
Kukacka, Helmut 63

Lassnig, Maria 63
Leitner, Sabine 191
Lendvai, Paul, 75
Leopold II. 50
Lichal, Robert 59–62, 64, 79
List, Hans 78
List, Helmut 78
Lopatka, Reinhold 85, 112, 114, 129, 134 f., 153, 180
Ludwig, Siegfried 61 f., 79, 184, 187
Lussmann, Hermann 33

Magnago, Silvius 68 ff.
Maitz, Karl 33, 44, 85
Malesic, Matija 75
Mantl, Wolfgang 32, 34, 54, 75, 88, 122, 158
Mateschitz, Dietrich 140, 162 ff., 168
Mauer, Otto 63

Mayr, Richard 181
Meixner, Franz 181
Merkel, Angela 117, 176
Mikl, Josef 63
Millner, Andrea 157
Missethon, Hannes 136
Mock, Alois 22, 47 f., 58, 61–64, 79 ff., 86, 145
Molden, Fritz 51
Moswitzer, Gerhardt 93
Mühlbacher, Peter 153
Müller, Walter 179
Muster, Thomas 140
Mutter Teresa 44

Nagl, Siegfried 136, 140
Neher, Erwin 88
Niederl, Friedrich 18, 21 f., 26 f., 29, 31 f., 42, 44, 46, 57, 70 ff., 78, 89, 91, 110, 112
Nitsche, Gunther 146
Nitze Paul 16

Ochabauer, Raimund 104
Olah, Franz 10, 191
Olt, Reinhard 121
Ortner, Gerold 32, 136

Paierl, Herbert 34, 112, 114, 116, 130, 140, 143 f., 146 f., 149–153, 162
Partl, Alois 184, 187
Payrleitner, Alfred 122
Peltzmann, Anton 31
Pelzl, Bernhard 105
Pesendorfer, Wolfgang 53
Peterle, Lojze 75, 78, 80 f.
Pierer, Stefan 168
Piffl-Perčevič, Theodor 18
Pilz, Peter 56
Pirker, Horst 150, 191
Pischetsrieder, Bernd 168
Piza, Hildegunde 163
Poier, Isabella 191
Poier, Klaus 122
Pojer, Hans 181
Pöltl, Erich 33, 83, 112, 114, 153
Prisching, Manfred 35
Pröll, Erwin 121, 142, 167, 184
Prutsch, Nicole 181
Pühringer, Josef 88, 184
Purr, Reinhold 130, 133, 153, 159

207

Purtscher, Martin 88, 184, 187

Raab, Julius 51, 184
Rabl, Peter 128
Rack, Reinhard 81
Rader, Ludwig 87
Raidl, Claus 156
Rainer, Arnulf 63
Ramsauer, Richard 146
Ratzenböck, Josef 70, 79, 88, 187
Rauch, Wolf 136
Rauscher, Hans 105, 120
Rechberger, Alois 66
Ressel, Joachim 130 f., 160
Riedler, Josef 59
Riegler, Josef 33, 36, 58, 61 ff., 70, 79
Riener, Barbara 153
Riess-Passer, Susanne 125, 134
Rinner, Bernhard 158
Rohrer, Anneliese 169
Rosegger, Peter 44
Roszik, Gabor 75
Roth, Gerhard 28, 138
Rovan, Joseph 75
Rupnik, Dieter 191
Russ, Gabriele 174

Sachslehner, Johannes 191
Sametz, Rudolf 131
Santer, Jacques 74, 80
Sausgruber, Herbert 184
Schachner-Blazizek, Alfred 66
Schachner-Blazizek, Peter 66, 82 f., 89, 94, 96, 98 f., 102, 113, 115, 123, 126, 128, 130 f., 139 f., 147 f., 186
Schadenbauer, Hubert 112
Schaffelhofer, Gerda 191
Schaller, Hermann 34, 58, 83
Schambeck, Herbert 110
Schaumayer, Maria 88, 120, 163
Schausberger, Franz 165
Scheichenberger, Paul 119
Scheidl, Werner 44
Scherbaum, Gustav 26
Schilcher, Bernd 28, 34, 36, 54, 64, 114, 140, 165

Schleinzer, Karl 22
Schlögl, Karl 118
Schmid, Michael 83 f., 113, 123, 125, 139, 172
Schmidl, Elena 191
Schmidt, Heide 86
Schnider, Andreas 114, 140, 180
Schöggl, Leopold 172
Schöpfer, Gerald 153, 157, 180
Schüssel, Wolfgang 64, 86, 90, 121–125, 134 f., 140, 142, 149, 167 f., 172, 178, 184
Schützenhöfer, Hermann 34, 85, 87, 91, 99, 112, 114, 129, 133, 136, 140, 150 f., 153, 158, 165 f., 177, 180–183, 186 f., 191
Schwan, Gesine 75
Schwarzenberg, Karl 54, 74 f., 77, 80
Schwarzenegger, Arnold 68, 70, 140, 179
Sebastian, Adalbert 40, 42
Seitinger, Johann 180
Shriver, Maria 68
Sik, Ota 75
Simonischek, Peter 139, 178
Sinowatz, Fred 48, 58
Sittinger, Ernst 189
Sonnenfeldt, Helmut 54, 75
Späth, Lothar 75
Sperl, Gerfried 36, 59, 178
Stamm, Rudolf 74
Steger, Norbert 48, 72
Steiner, Michael 35, 156
Stelmachoski, Andzej 75
Steyrer, Kurt 58
Stingl, Alfred 66 f., 72, 140
Stix, Karl 184
Strauß, Franz Josef 60, 88
Strenitz, Dieter 96
Strobl, Helmut 28, 34, 36, 140
Strobl, Karl 63
Stronach, Frank 140, 154 f., 168
Suchocka, Hanna 88

Taus, Josef 24, 41, 47, 72, 74, 80
Tautscher, Anton 16
Tessmar-Pfohl, Werner 116
Thorn, Gaston E. 54
Tichy, Gunther 34, 46 f.
Tropper, Alfons 46, 136
Trost, Ernst 92, 105, 178
Trummer, Johann 191
Tudjman, Franjo 78

Van der Bellen, Alexander 142
Vodopivec, Alexander 52
Voves, Franz 10, 112, 131, 133, 147, 149, 161, 165, 169, 181 f., 186
Vranitzky, Franz 58, 66, 71, 89, 184

Wachter, Hubert 120
Waggerl, Karl Heinrich 28
Waldheim, Kurt 58, 84, 142
Waldorf, Günter 137 f., 141
Walesa, Lech 44
Wallner, Josef 18
Wallner, Leo 80
Wallnöfer, Eduard 184
Wassermann, Heinz P. 174
Weber, Max 187
Wegart, Franz 22, 35, 69 f., 85
Weigel, Hans 28
Weingartner, Wendelin 184
Weixler, Anneliese 112, 181
Wimmer, Kurt 92
Wlattnig, Wolfgang 181
Wolf, Siegfried 154, 157, 168
Worm, Alfred 169 f., 172
Writzl, Barbara 191
Wustinger, Ernst 168

Zankel, Erwin 115, 150
Zernatto, Christof 10, 79, 184, 187
Zilk, Helmut 79, 184